# 编 委 会

# 辽宁省水运工程
# 施工标准化指南操作手册

## 沉箱重力式码头施工工艺篇

LIAONINGSHENGSHUIYUNGONGCHENG
SHIGONGBIAOZHUNHUAZHINAN
CAOZUOSHOUCE

辽宁省交通运输事业发展中心 编

辽宁民族出版社

**图书在版编目（CIP）数据**

辽宁省水运工程施工标准化指南操作手册. 沉箱重力式码头施工工艺篇 / 辽宁省交通运输事业发展中心编. —沈阳：辽宁民族出版社，2019.4

ISBN 978-7-5497-2030-9

Ⅰ. ①辽… Ⅱ. ①辽… Ⅲ. ①航道工程—工程施工—标准化—辽宁—手册 ②沉箱码头—码头工程—工程施工—标准化—辽宁—手册 ③重力式码头—码头工程—工程施工—标准化—辽宁—手册 Ⅳ. ①U615-62 ②U656.1-62

中国版本图书馆CIP数据核字（2019）第065019号

**辽宁省水运工程施工标准化指南操作手册**

LIAONING SHENG SHUIYUN GONGCHENG SHIGONG BIAOZHUNHUA ZHINAN CAOZUO SHOUCE

出版发行者：辽宁民族出版社
地　　址：沈阳市和平区十一纬路25号　邮编：110003
印 刷 者：辽宁鼎籍数码科技有限公司
幅面尺寸：185mm×260mm
印　　张：6.5
字　　数：100千字
出版时间：2019年4月第1版
印刷时间：2019年4月第1次印刷
责任编辑：金顺玉
封面设计：杜　江
责任校对：梁悦华

标准书号：ISBN 978-7-5497-2030-9
定　　价：50.00元

网　　址：www.lnmzcbs.com　　邮购热线：024-23284335
淘宝网店：http://lnmz2013.taobao.com
如有印装质量问题，请与出版社联系调换　联系电话：024-23284340

# 目 录

# 1 总 则

## 1.1 目的

为推行沉箱重力式码头工程施工标准化，规范施工工艺和加强施工管理，保证施工安全质量，结合当前重力式码头成熟和先进的施工工艺，依据国家、交通运输部等工程建设主管部门发布的与沉箱重力式码头相关的文件、标准、规范、规程、技术指南、工法和管理办法，编制了本标准。

## 1.2 范围

本标准适用于大中型沉箱重力式码头工程的施工管理，作为施工方案编制及过程质量控制的依据之一。

## 1.3 原则

1. 码头工程施工前应编制实施性施工组织设计。并从关键节点出发，总结以往工程成功经验，并借鉴、吸收其他行业、其他项目的成熟技术，通过采取措施，有效解决施工中存在的问题，提高施工质量。

2. 码头工程施工前应根据实际情况进行施工安全风险评估，对于在实施过程中疏于控制、操作上执行力度不足的要求加以强调，以提高施工现场安全预控的有效性。

3. 码头工程施工前应积极而谨慎地推广应用新技术、新工艺、新材料、新设备，积极总结各项成熟和先进的施工工艺和工法，提高码头施工管理水平和技术水平。

4. 施工单位应按招标文件及合同的要求组织相应的人员、机械设备和试验检测仪器，建立相应的施工管理机构，制定现场管理的各项规章制度，落实管理责任体系及保障措施。

5. 沉箱重力式码头工程施工资料的收集和整理工作应与工程进度同步，做到系统、完整、真实、准确，保证其具有有效的查考利用价值和完备的质量责任追溯功能，并应按相关规定做好资料归档管理工作。

6. 沉箱重力式码头工程施工除应符合本技术标准外，还应符合国家现行有关标准的规定。

## 1.4 工艺管理程序

一般分项工程施工工艺的选择及施工方案的编制由施工单位负责并报监理工程师批准后执行。重大危险分项工程应由施工单位组织专家论证后报监理单位。施工单位在施工过程中应严格按照审批的施工方案执行，并由业主单位、监理单位负责监督。

## 1.5 施工工艺内容

沉箱重力式码头主要施工工艺如下：

| 序号 | 分部工程 | 分项工程 |
|---|---|---|
| 1 | 基础与换填地基 | 基槽挖泥、基础炸礁、基床抛石、基床重锤夯实、基床爆炸夯实、基床整平 |
| 2 | 墙身 | 沉箱预制、沉箱溜放、沉箱拖运、沉箱安装、箱内回填、沉箱封仓结构、沉箱接缝倒滤层、构件预制及安装 |
| 3 | 上部结构 | 现浇混凝土结构（胸墙、管沟、悬臂板、面层等）、预埋件 |
| 4 | 后方回填及面层 | 抛石棱体及倒滤层、土方回填、垫层与基层、面层 |
| 5 | 轨道梁及轨道安装 | 轨道梁基础（预制桩沉桩、灌注桩）、现浇轨道梁、轨道安装 |
| 6 | 停靠船及防护措施 | 系船柱安装、橡胶护舷安装、护轮坎 |

## 1.6 施工工艺实施流程

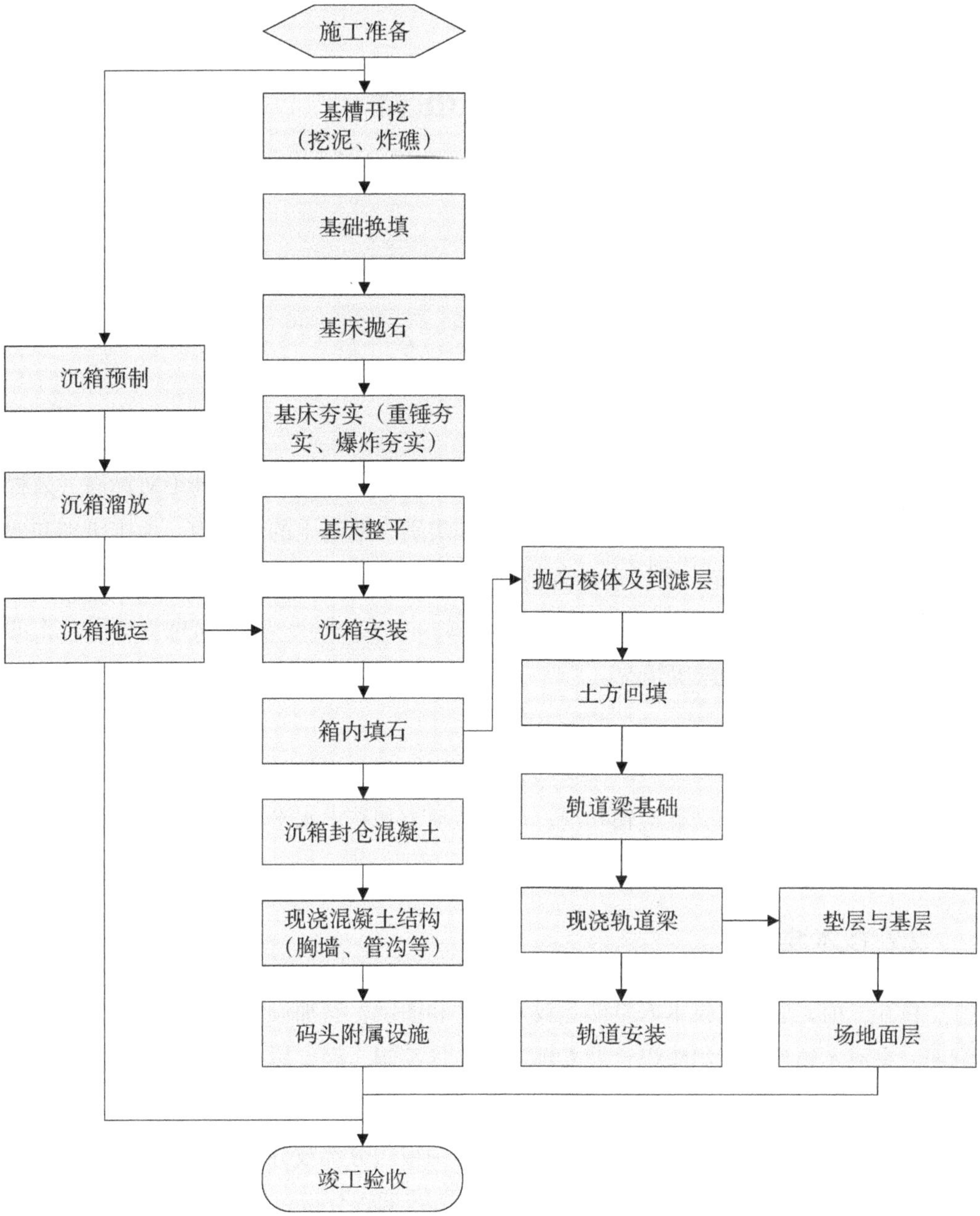
施工准备
基槽开挖（挖泥、炸礁）
基础换填
基床抛石
基床夯实（重锤夯实、爆炸夯实）
基床整平
沉箱预制
沉箱溜放
沉箱拖运
沉箱安装
箱内填石
沉箱封仓混凝土
现浇混凝土结构（胸墙、管沟等）
码头附属设施
抛石棱体及到滤层
土方回填
轨道梁基础
现浇轨道梁
垫层与基层
轨道安装
场地面层
竣工验收

# 2 施工准备

## 2.1 施工调查

（1）自然条件

自然条件的调查分析的主要内容有：建设地区坐标点、水准点和绝对标高（高程的转换关系）等情况；地质构造、土的性质和类别、地基土的承载力、地震级别和烈度等情况；波浪、潮流、泥沙运动等情况；地下水位的高低变化情况，含水层的厚度、流向、流量和水质等情况；气温、雨、雪、风（台风）、雾和雷电等情况；土的冻结深度和冬雨季的期限等情况。

（2）技术经济条件

技术经济条件的调查分析的主要内容有：当地可利用的地方资源（材料、船机设备）状况；工地供电和交通运输状况；地方劳动力和技术水平状况；当地生活供应和医疗卫生状况；当地消防、治安状况等。

## 2.2 技术准备

在开工前，应组织技术人员熟悉设计文件和图纸，参加设计交底会议，领会设计意图，完成实施性施工组织设计及专项方案文件编制，做好施工测量、原材料试验检验证及技术交底等工作，并实行首件认可制。工程开工前应向监理工程师报送总体开工报告，分部或分项工程开工前应向监理工程师报送分部或分项工程开工报告。工程开工前对工程所在地自然条件及技术经济条件进行调查分析。

## 2.3 劳动组织准备

组建拟建工程项目的领导机构——项目经理部，建立精干的施工班组，集结施工力量、组织劳动力进场，并向施工队、班组进行安全教育和施工技术交底，同时建立健全各项管理制度。

## 2.4 船机设备准备

根据采用的施工方案及总体施工进度安排，确定施工船机设备的类型、数量和进场时间，编制施工船机设备的需用计划，准备工作船码头及避风锚地等。

## 2.5 材料准备

根据施工进度计划要求，按材料名称、规格、使用时间、材料储备和消耗等进行汇总，编制出材料需要量计划，为组织备料、确定仓库、场地堆放所需的面积和组织运输、选择出运码头等提供依据。

## 2.6 施工现场准备

施工现场准备的主要内容有：施工场地的控制网测量，施工现场“三通一平”，施工现场的补充勘探，建造临时设施，施工船机进场，组装、调试施工机具，做好建筑构（配）件、制品和材料的储存和堆放，及时提供建筑材料的试验申请计划，做好冬雨季施工安排，设置消防、保安设施等。

# 3 基础与换填地基部分

沉箱重力式结构码头施工中，基础部分的施工属于关键工序，是控制码头沉降和位移的关键，在施工过程中应予以充分重视。

基础施工一般包括基槽开挖，砂垫层或基础换砂，基床抛石（基床重锤夯实，基床爆炸夯实，基床整平），基础换填等。基槽开挖深度较大时，要分层开挖，分层开挖的高度根据土质情况、设备选型与开挖方法确定；基槽较长时，要分段开挖，分段长度根据施工工期、挖泥设备及海况确定，但不宜大于200米；基槽较宽时，应分条开挖，分条的最大宽度不超过挖泥船吊机的有效工作半径，根据施工区宽度及船宽分条开挖，施工中要保证条与条之间的重叠区；边坡开挖施工采取矩形法施工，利用自然塌坡达到设计边坡，以设计图纸坡比为依据，台阶形式开坡。

## 3.1 基槽开挖及水域疏浚

### 3.1.1 工艺简述

基槽开挖设备及工艺需要根据槽底土质、水深、施工区海况、业主方工期要求等条件进行合理选择、配备，以保证施工要求。对地基为岩石，针对岩石的风化程度，可水下爆破后采用抓斗（铲斗）挖泥船清除，或直接用抓斗（铲斗）挖泥船清除；对基础为非岩石，多采用抓斗（铲斗）挖泥船开挖。在挖泥船的选型时，主要应考虑自然条件、工程相关要求、挖泥驳船自身的性能参数，进行综合分析、确定。泥驳船的配备主要根据舱容、日开挖量、土质松散系数及往返抛泥区时间等因素进行测量、确定，应保证挖泥船的作业尽量不受泥驳影响。

在实际施工过程中，对开挖基槽的分段、分条、分层也应根据现场实际情况做好统筹安排。对较长的或外海无掩护的基槽应采取分段开挖，开挖验收合格后可采取流水施工对验收的基槽及时抛石覆盖，避免回淤；对宽度较大的基槽应采取分条开挖，条与条之间应设置1米以上的重叠区域，避免漏挖；对深度较大的基槽应采取分层开挖，分层主要依据是施工区域水下地质情况而定。

图3.1 抓斗船挖泥

### 3.1.2 开工条件准备

（1）船机设备具有国家承认的相关检测证明，符合施工需求，进场后已组织船机进场验收，验收中发现问题均已整改到位。

（2）办理了水上水下活动许可、航行通告、废弃物海洋倾倒许可证件。

（3）编制、上报基槽挖泥/水域疏浚施工方案，履行完相关报审程序。

（4）施工单位已组织施工人员全员参加施工技术、环境、职业健康安全交底，对施工工艺、施工流程、危险源及防范、环境保护、个人职业健康有充分了解。

（5）校核测量控制点，检查陆上测量定位仪器与船上测量定位仪器间误差，控制在允许范围以内。可选择在陆上设立导标指导定位。

（6）建立施工水位尺及水位房，实时检测潮位。

（7）合理布置登船点，满足施工人员及物资顺利安全登船。

### 3.1.3 工艺实施流程

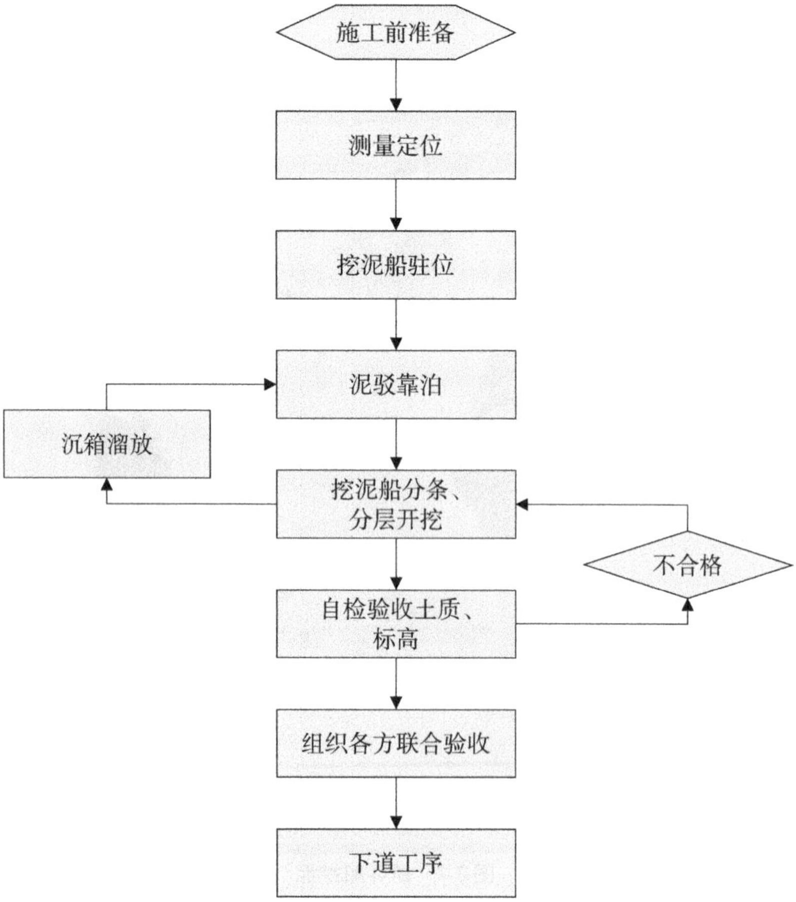


图3.2　基槽挖泥及水域疏浚工艺实施流程图

### 3.1.4 施工要点

（1）由项目技术负责人组织技术管理人员会同船机操作人员进行设计图纸交底，首先充分了解设计图纸中的相关要求，之后还应组织对《工程地质勘察报告》进行仔细研读，要了解基槽内地质分布情况。

（2）严格按国家规范与设计图纸要求，施工开始前应进行原地面水深测量，并取得监理工程师及建设单位认可，并作为边坡放样和挖泥范围控制的依据。

（3）勘察现场并对照《工程地质勘察报告》，分析各区上层、礁石的分布情况，最终确定分区、分层大样指导挖泥施工，根据基槽长度及船机效率，合理确定挖泥施工的分段。

（4）做好施工现场作业船只调遣工作，行程流水作业后，应尽量避免挖泥船、抛石船等船只的互相干扰。

（5）挖泥船宜应采用GPS定位，施工前应使用陆上测量仪器与船上GPS进行校核，确保定位精度。在施工期间，宜每天对挖泥船GPS进行检查、校准。

（6）经常检查水位尺的零点，挖泥船应及时根据水位变化及实际挖深调整下斗深度。施工过程中要经常检查校核挖泥船的位置，并勤测水深，确保开挖至设计轮廓线和基底土质符合设计要求，防止超挖、漏挖或欠挖。发现地质与设计不符合，应立即与设计联系解决。

（7）根据设计边坡施工，按照“下超上欠”的原则进行台阶式开挖操作，开挖断面不应小于设计断面。边坡开挖时严格按设计要求控制挖深、挖宽，防止出现滑坡。

（8）在基槽开挖至设计标高后，应及时通知监理工程师组织建设单位、设计单位、地勘单位进行联合验收、核对槽底地质情况，按每5~10米一个断面进行水砣测深、水下取样、试挖，若槽底土质与设计土质有差异，应由设计、地勘单位给出意见，是否继续开挖或已满足作为持力层条件。验收过程中应严格遵照《水运工程质量检验标准JTS257-2008》中的相应要求，最终形成一整套由各方确认并签字的基槽验收记录。

（9）在验槽时，经各方验收通过的基槽，应立即进行基床抛石施工，避免回淤。

（10）施工中必须填写详细施工记录，包括挖泥船及泥驳注册号，施工位置及泥土类型，挖泥标高，挖泥船装驳时间，泥驳航行、抛泥返回到达挖泥船的时间等关键消息。

（11）泥驳航行至指定卸泥点卸泥，航行过程中底仓应密闭，不得淌泥。卸泥时泥驳不得在横浪或转向航行过程中卸泥，应注意对周围环境进行保护。

（12）在进行码头前沿安全地带以内及疏浚施工超挖可能对建筑物安全造成影响的区域，其超深、超宽值和边坡坡度应严格控制在确保建筑物安全稳定的设计允许范围内，允许存在浅点的数量、范围和浅值应根据工程的实际情况由设计单位确定。

图3.3 基槽挖泥检验批验收

### 3.1.5 资料归档

（1）分项工程施工方案、分项工程技术、环境、职业健康、安全交底。

（2）海上航行、作业日志。

（3）隐蔽工程验收记录，水下基槽开挖断面测量验收记录。

（4）各方确认签字的验收记录表。

（5）验收过程中地质取样的影像资料。

（6）分项工程质量检验评定表。

## 3.2 基础炸礁

### 3.2.1 工艺简述

针对基槽内连片礁石、溶洞、孤石的炸礁处理，主要选用水下钻孔爆破工艺和水下裸爆工艺。水下钻孔爆破炸礁主要利用配置了潜孔钻机和高风压空压机的钻爆船进行定位后钻孔布药，采用导爆管网络进行微差爆破。水下裸爆主要针对孤石或大面积炸礁后存在漏炸的岩石浅点进行局部的水下裸爆，采用布药船定位、潜水员水下布药、起爆的施工工艺。

图3.4　基槽炸礁示意图

### 3.2.2 开工条件准备

（1）编制专项施工方案并上报，必要时按规定经过专家论证，并履行审批手续。

（2）施工单位已组织施工人员全员参加施工技术、环境、职业健康安全交底，对施工工艺、施工流程、危险源及防范、环境保护、个人职业健康有充分了解。

（3）船机设备具有国家承认的相关检测证明，符合施工需求，进场后已组织船机进场验收，验收中发现问题均已整改到位。

（4）爆破作业有关手续办理完毕。

（5）火工材料申请计划上报公安机关。

（6）确认爆破作业进度计划。

（7）告知周边生产单位爆破作业时间表并明确起爆前、爆破后的起爆预警号、爆破警告号、爆破解除号，落实各方有效联系人及联系方式。

（8）施工测量控制点复核和爆破区域原地面复测。

（9）落实施工爆破安全警戒器材、警戒人员及警戒区域划分。

（10）落实爆破警戒的船舶。

（11）落实施工人员、施工材料上船的位置。

（12）合理布置登船点，满足施工人员及物资顺利安全登船。

### 3.2.3 工艺实施流程

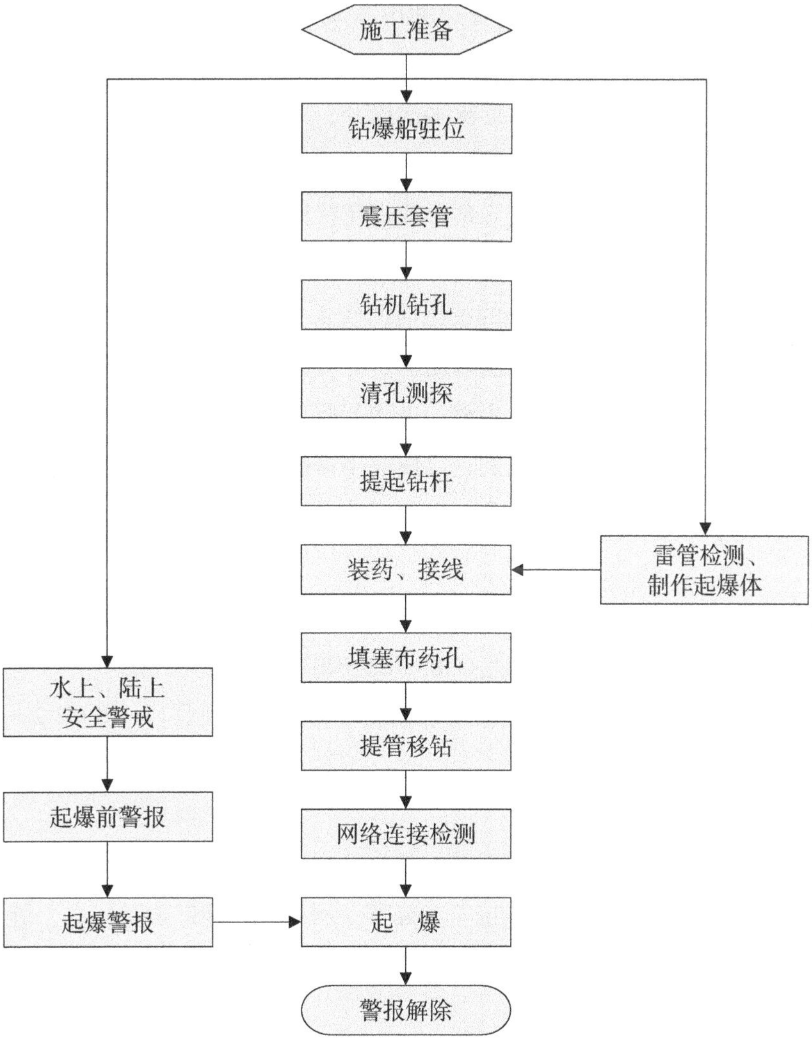


图3.5　水下炸礁工艺实施流程

### 3.2.4 施工要点

1. 钻爆船定位

（1）钻爆船宜采用GPS全球卫星定位系统进行定位，船上定位系统必须经过陆上测量仪器校核。

（2）定位后应采用手持GPS对孔位进行放样，根据孔位调整钻爆船角度、方位。

（3）定位完成后，随时观察钢丝缆绳，出现松缆移船立即停止钻孔作业。

2. 钻孔工艺

（1）先将套管下放至被爆岩面，确保套管稳定后再将钻杆逐节沿套管内下放，接触岩面后进行钻孔。

（2）钻孔作业中注意边提升钻杆边利用高风压空压机送风，将孔中的碎渣吹至孔外。

（3）钻孔至设计底标高后，应反复多次提升、下落钻杆，防止碎渣、淤泥堵孔。

（4）钻孔完成后，应立即组织对孔位进行装药、填塞布药孔。

（5）水下钻孔的孔位布置可按三角形或梅花状错开布置。

3. 爆破物品种类的选取

（1）水下钻爆由于炸药在水中的浸泡时间较长，为获得较好的爆破效果，宜采用防水性能较好的乳化震源药柱，密度采用低密度震源药柱。

（2）起爆雷管采用非电导爆管雷管，非电导爆管雷管采用毫秒瞬发雷管引爆，非电导爆管雷管根据不同情况选取段别，以便减小爆破地震波和水下冲击波。

（3）起爆用的非电导爆管雷管入水时用胶水进行防水处理，以确保其性能和安全。

（4）炸药和雷管在使用前必须做与工程相似水深的浸泡和爆破试验。爆破作业应符合现行国家标准《爆破安全规程》（GB 6722—2014）的有关规定。

（5）爆破器材的储运应符合现行国家标准《爆破安全规程》（GB 6722—2014）的有关规定。

4. 爆破网络及起爆方式

（1）起爆网络采取非电导爆管系统。起爆体内及同排钻孔采用导爆管并联，孔外采用短导爆管串联，再由导爆管连接至起爆器。网络连接能够避免雷电、静电、手机等杂散电流的影响，更具安全性。起爆网络见下图：

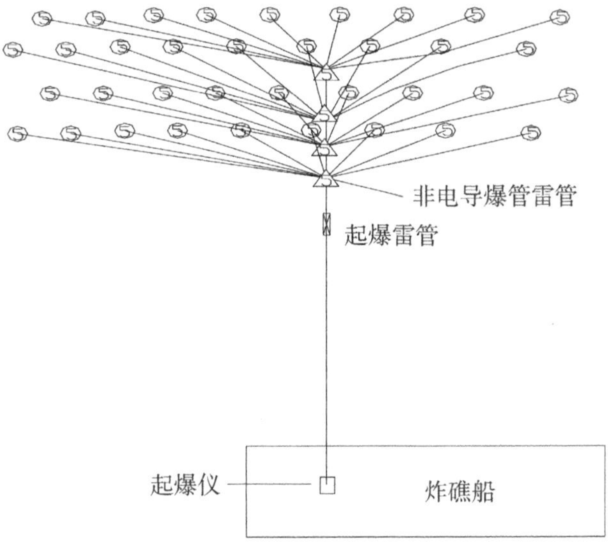


图3.6　水下炸礁起爆网络连接示意图

（2）非电雷管宜采用大功率起爆器起爆。

（3）起爆网络可采用非电爆的毫秒微差起爆网络。

（4）水下传爆非电爆网络的导爆管绑在有足够强度柔韧好的爆破绳上，并呈松弛状态。为了保证每一个孔炸药准爆，每个起爆体宜采用两发以上同段非电雷管。

（5）根据类似工程的经验和结合本工程的特点，相邻两段雷管起爆时间间隔按所装雷管段别确定。段发雷管的布置顺序为从深水到浅水依次为低段到高段。

（6）进行爆破参数设计时，炮孔直径宜为75～150mm，超钻深度可在1.0～2.0m范围内视岩石硬度选择，炮孔间距宜大于排距，炮孔直径、间距、排距、超钻深度应根据清渣设备性能而定。综合考虑、合理设置保证爆破作业安全、规范，爆破后应立即组织抓斗船进行清渣作业。

（7）炸礁施工需进行试爆和效果监测，根据工程实际情况调整爆破参数。

5. 爆后检查与盲炮处理

爆后检查如发现未爆导爆管（白线未变成黑色即为发现盲炮），应修复后重新连接起爆，不得采取诱爆方式处理。发现盲炮或怀疑有盲炮，应立即停止施工，报告爆破负责人，并采取必要的安全措施。处理盲炮时，应在爆破技师或者爆破负责人的指导下进行：

（1）起爆后5分钟进入现场检查，如发现盲炮，应立即报告现场负责人，并采取必要的安全措施。

（2）处理盲炮时，应在爆破工程师或者现场负责人的指导下进行。无关人员不得在场，并应在危险区边界设警戒，危险区内禁止进行其他作业。

（3）造成盲炮的因素消除后，连接未起爆导爆管二次起爆，不得采取诱爆方式处理，遗留浅点在扫浅阶段处理。

### 3.2.5 资料归档

（1）分项工程施工方案及施工交底书。

（2）海上船舶作业日志、施工日志。

（3）隐蔽工程验收记录、清渣后基底验收记录。

（4）分项工程质量检验评定表。

（5）土样验证要有留样和图像资料。

（6）专家会审纪要及记录。

（7）过程爆破试验参数记录。

## 3.3 基床抛石

### 3.3.1 工艺简述

基床抛石的石料规格为10～100kg中块石，块石强度不应低于设计标准，要求未风化、干净、无杂土、不成片状，且无严重裂纹。施工选用方驳（自航驳）配备反铲抛石工艺进行抛填。抛填时，方驳自现场出运码头采用反铲挖掘机或装载机装船完毕

图3.7 基床抛石施工

后，自航至施工区域，利用GPS全球卫星定位系统进行精确驻位，进行抛石作业。

### 3.3.2 开工准备条件

（1）船机设备具有国家承认的相关检测证明，符合施工需求，进场后已组织船机进场验收，验收中发现问题均已整改到位。

（2）办理了水上水下活动许可、航行通告证件。

（3）编制、上报施工方案，履行完相关报审程序。

（4）施工单位已组织施工人员全员参加施工技术、环境、职业健康安全交底，对施工工艺、施工流程、危险源及防范、环境保护、个人职业健康有充分了解。

（5）校核测量控制点，检查陆上测量定位仪器与船上测量定位仪器间误差，控制在允许范围以内。可选择在陆上设立导标指导定位。

（6）建立施工水位尺及水位房，实时检测潮位。

（7）合理布置石料装卸码头，满足施工用石料装船条件。

### 3.3.3 工艺实施流程

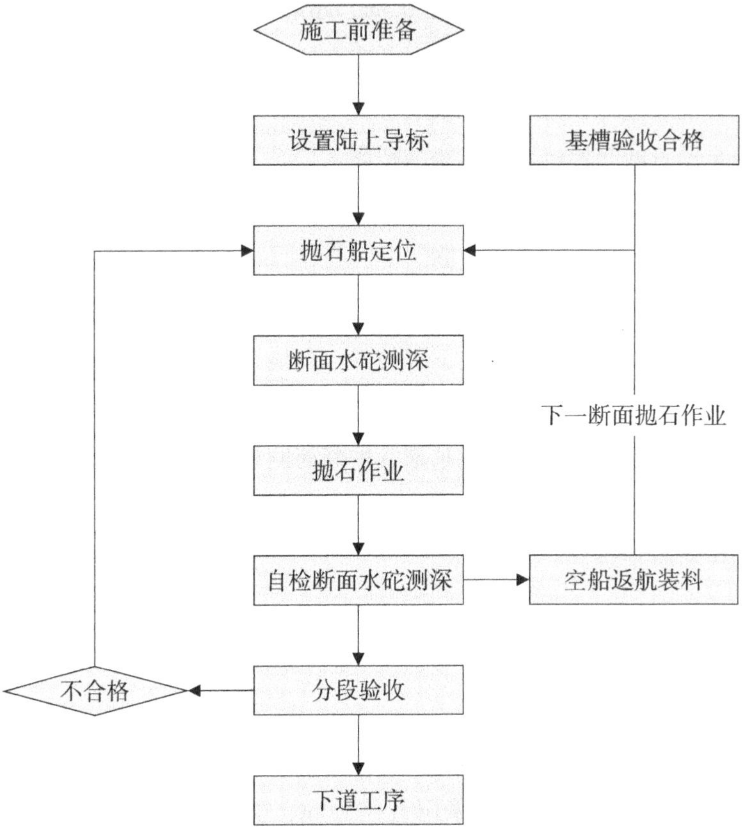


图3.8 基床抛石施工工艺实施流程图

### 3.3.4 施工要点

（1）施工过程中，对施工控制线和控制水准点等定位标志应定期校核。

（2）基床块石一般采用10～100kg的中块石且级配良好，夯实基床块石饱水抗压强度≥50MPa，不夯实基床饱水抗压强度≥30MPa，石料应质地坚硬，无风化，无严重裂缝和水锈，无片状。

（3）对于不足1m厚的基床可不做夯实，超过6m的基床宜采用爆破夯实。基床需分层抛、分层夯，每锤的夯击能不宜小于120kJ/m²，分层的厚度一般不大于2m且每层的厚度应大致相等。

（4）做夯实处理的抛石基床应预留沉降量，一般为抛石层厚的10%～12%。

（5）基床顶面预留的向墙后倾斜的坡度，应由设计单位给出。

（6）采用分层抛石，“宁低勿高”，粗抛和细抛相结合，基床抛石顶面不得超过设计图纸规定，且不宜低于0.5m，顶层面以下0.5～0.8m范围内应细抛。

（7）抛石前要对基槽断面尺寸、标高及回淤沉积物进行检查，重力密度大于12.6KN/m³的回淤沉积物厚度不应大于0.3m，超过时应清淤。

（8）分层抛石基床的上下层接触面不应有回淤沉积物。

（9）抛石前应进行试抛，掌握块石漂流与水深、流速的关系和抛下块石堆扩散的情况，以选定抛石的起始位置和移船的距离。

（10）在临近接茬2～3m的已抛部位开始测水深，采取先测水深、抛石、再测水深的方法进行抛填，以免漏抛或抛高。

### 3.3.5 资料归档

（1）分项工程施工方案、分项工程技术、环境、职业健康、安全交底。

（2）海上航行、作业日志。

（3）隐蔽工程验收记录，水下基槽开挖断面测量验收记录。

（4）分项工程质量检验评定表。

（5）相关实验报告。

## 3.4 基床重锤夯实

### 3.4.1 工艺简述

基床重锤夯实，开始施工前对基床顶面做适当的整平，夯实船在施工区域下锚驻位完毕后，开始夯实施工。夯实采用直径1.0m、重5t的夯锤进行，选择夯锤落距为2.5m，此时夯击能为159KJ/m²，满足设计夯击能不小于120KJ/m²的要求和规范要求。

夯实时采用纵横向均邻接压半夯，每点8夯次的方法进行，分初、复两遍夯实的施工工艺，以防止基床局部隆起和漏夯。夯实经验夯合格为准，否则需进行复夯处理直到达到规范要求为准。

图3.9 重锤夯实示意图

### 3.4.2 开工准备条件

（1）船机设备具有国家承认的相关检测证明，符合施工需求，进场后已组织船机进场验收，验收中发现问题均已整改到位。

（2）办理了水上水下活动许可、航行通告证件。

（3）编制、上报施工方案，履行完相关报审程序。

（4）施工单位已组织施工人员全员参加施工技术、环境、职业健康安全交底，对施工工艺、施工流程、危险源及防范、环境保护、个人职业健康有充分了解。

（5）校核测量控制点，检查陆上测量定位仪器与船上测量定位仪器间误差，控制在允许范围以内。可选择在陆上设立导标指导定位。

（6）建立施工水位尺及水位房，实时检测潮位。

（7）合理布置登船点，满足人员、物资上船。

### 3.4.3 工艺实施流程

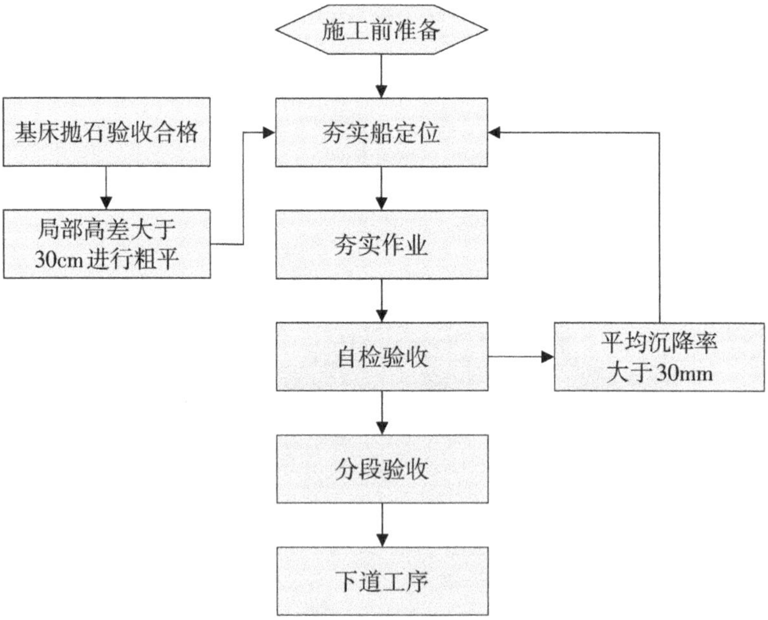


**图3.10 基床夯实施工工序流程图**

### 3.4.4 施工要点

（1）基床锤夯范围可按墙身底面各边加宽1m确定，对施工定位和作业困难的水域，锤夯范围可适当加宽。分层夯实时，锤夯范围可根据分层处的应力扩散线各边加宽1m确定。

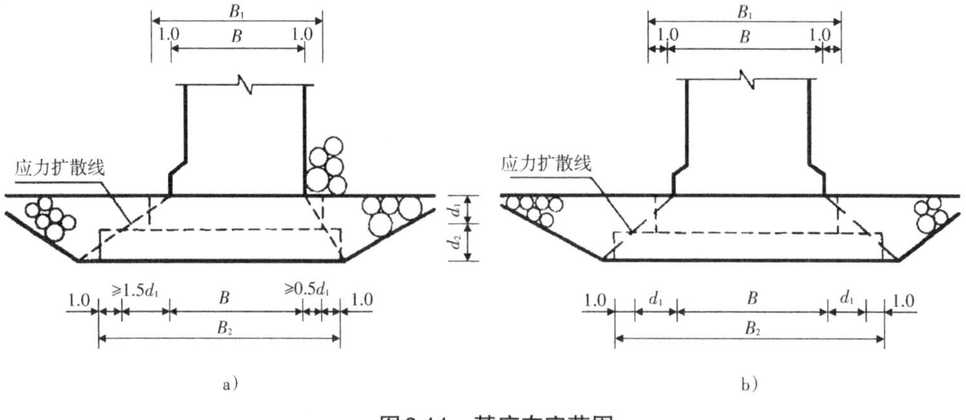


**图3.11 基床夯实范围**

（2）夯实前应对抛石面层做适当整平，其局部高差不宜大于300mm。

（3）基床锤夯时应分层、分段夯实，每层厚度宜基本相等，每层夯实后的厚度不宜大于2m。夯击能量较大时，分层厚度可适当加大。分段夯实的搭接长度不应小于2m。

（4）夯锤底面积不宜小于0.8m²，底面静压强宜采用40~60kPa，落距可取2~3.5m。不计浮力、阻力等影响时，每夯的冲击能不宜小于120kJ/m；对无掩护水域的深水码头，冲击能宜采用150~200kJ/m。夯锤宜具有竖向泄水通道。

（5）基床锤夯宜采用纵横向相邻接压半夯，每点1锤，并分初、复夯各1遍，或多遍夯实的方法，夯击遍数应根据试夯确定，试夯技术要求应符合规范的规定。不进行试夯时，夯数不宜少于8夯，并应分2遍夯打。

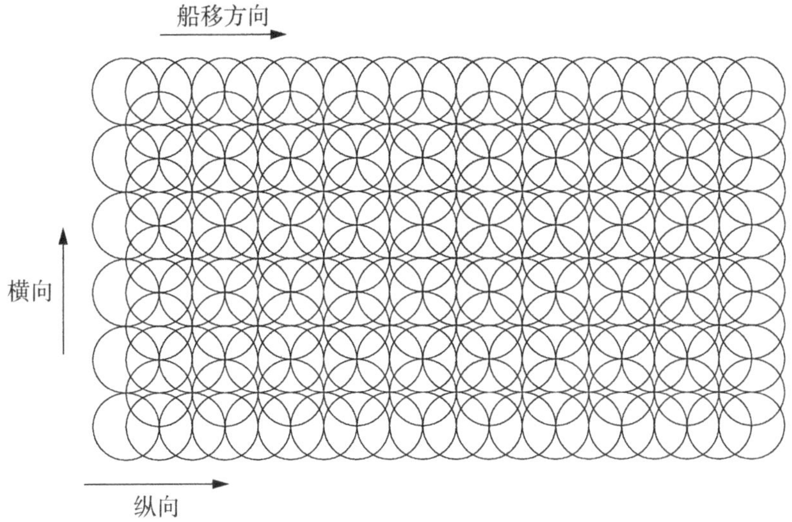


图3.12 夯锤落点平面示意图

（6）在新旧码头结合处，基床施工宜采用减小分层厚度、适当降低夯击能量等保证旧码头结构安全的措施。

（7）当夯实后补抛块石的面积大于1/3倍构件底面积或连续面积大于30m²，且厚度普遍大于0.5m时，宜作补夯处理。

（8）锤夯的基床，夯实质量标准可采用在已夯的基床上码头墙底面积范围内任选不小于5m一段复打一夯次，夯锤相接排列，不压半夯，其平均沉降量不大于30mm，无掩护水域的重力墩不大于50mm。

（9）重锤夯实以现行《重力式码头设计与施工规范》（JTS 167-2-2009）为依据进行施工质量控制，验收标准满足现行《水运工程质量检验标准》（JTS 257）规定的要求。

（10）夯实施工宜采用GPS全球卫星定位系统配合陆上设立导标进行测量定位，施工前工程技术人员应按照沉箱布置将基床抛石进行分层、分段，并绘制平面布置图。

（11）开始施工前对基床顶面做适当的整平，夯实船在施工区域下锚驻位完毕后，开始夯实施工。夯实采用直径1.0m、重5t的夯锤进行，选择夯锤落距为2.5m，此时夯击能为159KJ/m²，满足设计夯击能不小于120KJ/m²的要求和规范要求。夯实时采用纵横向均邻接压半夯，每点8夯次的方法进行，分初、复两遍夯实的施工工艺，以防止基床局部隆起和漏夯。夯实经验夯合格为准，否则需进行复夯处理直到达到规范要求为准。

（12）检查验收：该施工段夯实后，任选一不小于5m的一段，复打一次夯，用水准仪测量其平均沉降量，在30mm以内即为合格，若大于30mm，则此施工段重新进行夯实，并重新选择验夯段验夯，直至合格。

### 3.4.5 资料归档

（1）分项工程施工方案、分项工程技术、环境、职业健康、安全交底。

（2）海上航行、作业日志。

（3）隐蔽工程验收记录，水下基槽开挖断面测量验收记录。

（4）分项工程质量检验评定表。

（5）水下基床夯实要收记录（方格网法、随机点法）。

## 3.5 基础爆破夯实

### 3.5.1 工艺简述

基床爆夯即采用爆炸法夯实抛石基床，其工艺是将设计的药包按照一定的网络参数，布置在水下块石基础表面或悬吊在其上部，在一定覆盖水深的条件下，药包起爆

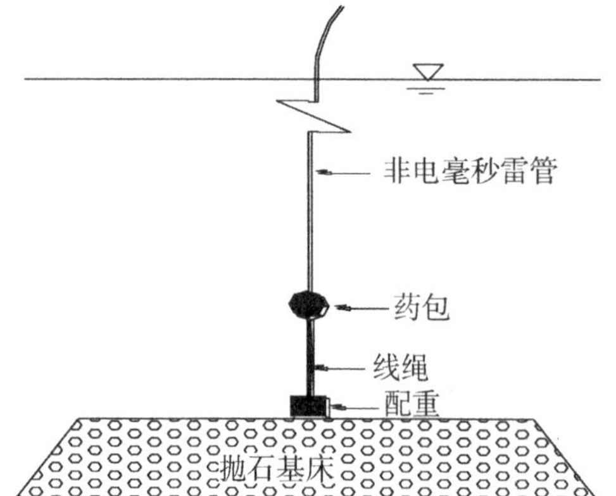

图3.13 基础爆破夯实

后产生的爆炸冲击波引起石体震动，从而使原本松散石体排列受到扰动，石块间产生滑动、错位、填充，重新排列，块石间孔隙减小，基床密实度增加。同时在爆炸产生气体的高压下，对基床形成锤击压实效果，使基床密实。爆夯次数可根据现场实际情况进行调节，例如在生产港区内进行爆夯作业，为保证安全，可降低药量、增加爆夯次数以达到夯实效果。

### 3.5.2 开工条件准备

（1）编制专项施工方案并上报，必要时按规定经过专家论证，并履行审批手续。

（2）施工单位已组织施工人员全员参加施工技术、环境、职业健康安全交底，对施工工艺、施工流程、危险源及防范、环境保护、个人职业健康有充分了解。

（3）船机设备具有国家承认的相关检测证明，符合施工需求，进场后已组织船机进场验收，验收中发现问题均已整改到位。

（4）爆破作业有关手续办理完毕。

（5）火工材料申请计划上报公安机关。

（6）确认爆破作业进度计划。

（7）告知周边生产单位爆破作业时间表并明确起爆前、爆破后的起爆预警号、爆破警告号、爆破解除号，落实各方有效联系人及联系方式。

（8）施工测量控制点复核、爆夯区域原地面复测。

（9）落实施工爆破安全警戒器材、警戒人员及警戒区域划分。

（10）落实爆破警戒的船舶。

（11）落实施工人员、施工材料上船的位置。

（12）合理布置登船点，满足施工人员及物资顺利安全登船。

### 3.5.3 工艺实施流程

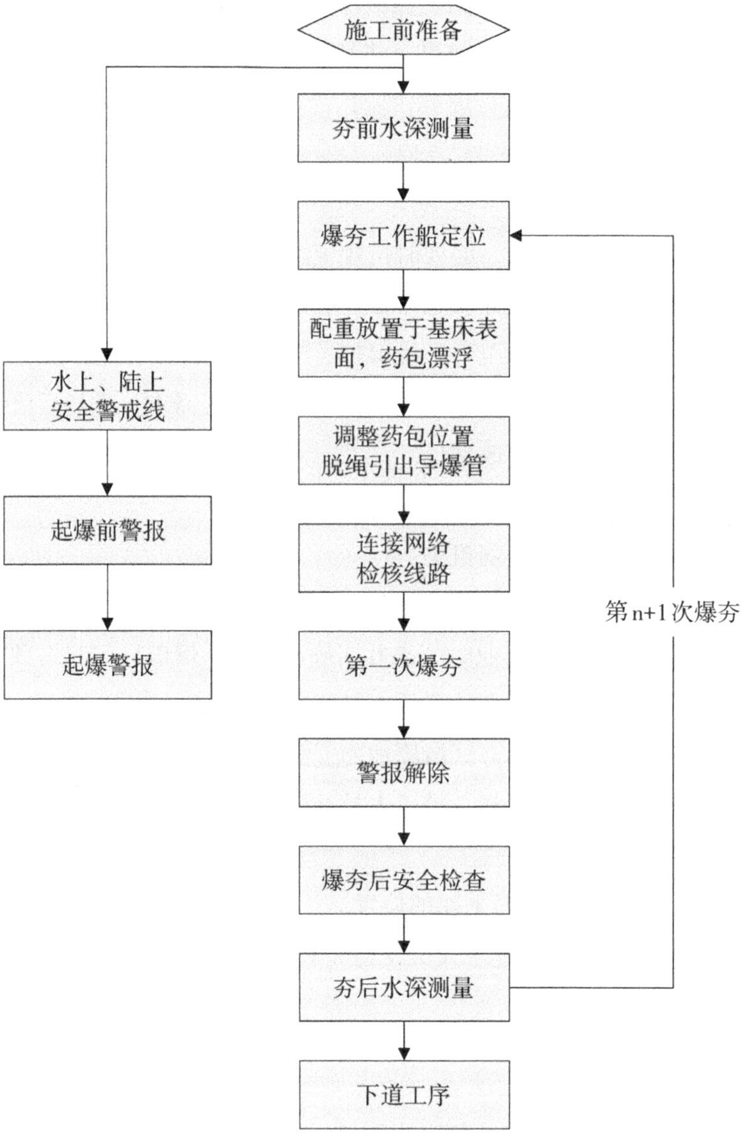


图3.14　基础爆夯施工工序流程图

### 3.5.4 施工要点

（1）基础爆夯施工适宜首先进行典型段施工，典型段施工主要目的是用于确定药量、爆炸影响范围、爆夯效果、平均夯沉率是否满足要求、每段需要进行的爆夯遍数。

（2）配重体的重量应根据炸药量大小、现场试验漂浮状态和下沉速度确定，用钢卷尺测量悬挂线的长度，与药包袋连成一串。

（3）药包的投放采用船边定位定点同步投放，将准备好的药包及配重，用引绳送至基床顶面，一排药包布置完成，通过拉引线调整药包配重位置，使药包处于设计布药位置。

（4）由潜水员进行水下检查，药包投放在基床顶面后，潜水员下水检查单排导爆索的顺直与悬挂情况，进行水下调整。

（5）爆夯分区主要以相同的设计基床厚度来划分的原则。爆炸夯实厚度不宜超过12m，药包的上部水深覆盖大于8米时，可适当增加爆夯厚度，但最后不宜超过15m。当石层过厚或覆盖水深小于计算值时，应分层抛填、分层爆炸夯实。

（6）水运工程爆破设计中应制定控制噪声，控制有害气体和飞石，减少粉尘，降低地震、冲击波效应等环境保护措施。

（7）爆破参数依据周边环境条件、地形地貌情况、岩土性质、施工机具和爆破器材性能，并结合工程要求计算确定。

（8）爆破影响范围内有重要设施时应进行爆破试验和检测。

（9）爆破作业前应对爆破器材进行检查，爆破工程应使用符合国家现行标准的爆破器材，禁止使用过期、出厂日期不明和质量不合格的爆破器材。

（10）爆夯应选用结构坚固、技术性能好的船舶作为投药船和定位船。定位船工作时应锚定稳固。

（11）施工时分段计算爆破参数，严格控制炸药用量，规范布设药包。

（12）布药方式可采用点布、线布或面布。

（13）为避免爆塌两侧面的基床以及粉碎或损伤表层块石，根据基床的抗剪强度和沉箱应力扩散角，调整每排布药两端药包的药量和悬挂高度等参数。

（14）采用DGPS移动站进行测量控制，并采用船上吊装线性群药包布设，根据需要安排潜水配合检查药包分布情况，以确保爆夯施工布药位置的准确性。

（15）水上布药时应取逆风或逆流向布药顺序。

（16）爆炸夯实后，抛石基床的平均夯沉率应满足设计要求。夯沉量可根据地基状况、基床厚度和石料规格等因素，控制在抛石层厚的10%～15%。

（17）码头的抛石基床爆炸夯实后应采用重锤复夯验收。

（18）补夯处理：爆炸夯实后，基床顶面补抛块石的厚度超过0.5m且连续面积大于30m$^2$，补抛后应补爆或用重锤补夯。

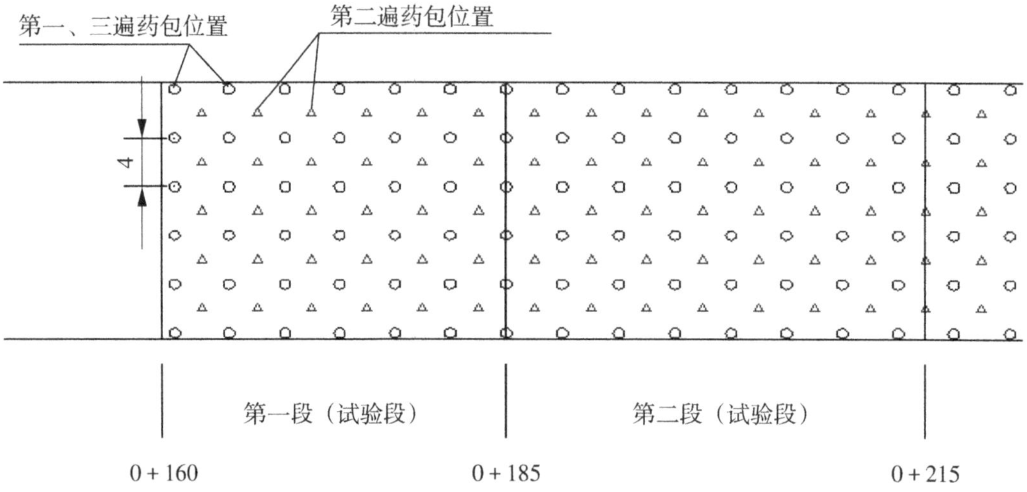


图3.15 基础爆夯药包布点示意图

### 3.5.5 资料归档

（1）分项工程施工方案、分项工程技术、环境、职业健康、安全交底。

（2）海上航行、作业日志。

（3）隐蔽工程验收记录，水下基槽开挖断面测量验收记录。

（4）分项工程质量检验评定表。

（5）水下基床夯实要收记录（方格网法、随机点法）。

（6）专家会审纪要及记录。

（7）过程爆破试验参数记录。

## 3.6 基床整平

### 3.6.1 工艺简述

基床整平工艺除潜水员、轨道传统整平工艺之外，还有水下抛石整平工艺。近年来由于水下抛石整平机的开发成功，水下抛石基床的抛石、整平实现了机械化。但根据工程设计文件要求对基床进行细平、极细平，所以还需要采用传统工艺。

水下抛石基床整平传统的施工工艺为导轨刮道法，在基床整平范围内，沿纵向的两侧安设垫块，垫块上放置导轨，垫块与钢轨之间由薄厚不一的钢板负责找平，使轨道顶即为基床的整平标高，其误差控制在±1cm以内。钢轨下可支垫二片石，保证钢轨的垂直挠度在1cm以内。整平船横跨基床，石料通过船上反向铲挖掘机由浮鼓式料斗送入水下，潜水员在水下用横置在钢轨上的刮杠沿导轨滑动进行整平料的平整。

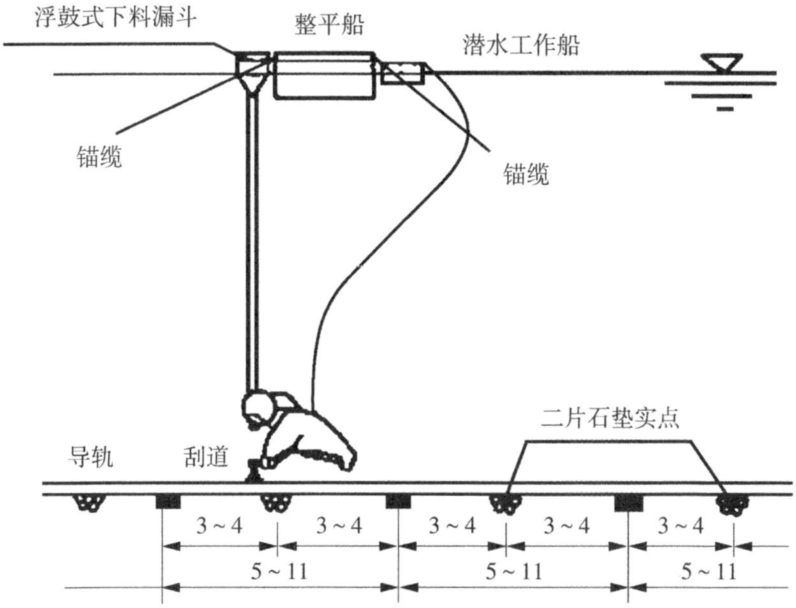


图3.16 整平下料示意图

### 3.6.2 开工条件准备

(1) 船机设备具有国家承认的相关检测证明，符合施工需求，进场后已组织船机进场验收，验收中发现问题均已整改到位。

(2) 办理了水上水下活动许可、航行通告证件。

(3) 编制、上报施工方案，履行完相关报审程序。

(4) 施工单位已组织施工人员全员参加施工技术、环境、职业健康安全交底，对施工工艺、施工流程、危险源及防范、环境保护、个人职业健康有充分了解。

(5) 校核测量控制点，并在陆上设立导标指导定位。

(6) 建立施工水位尺及水位房，实时检测潮位。

(7) 合理布置石料装卸码头，满足施工用石料装船条件。

### 3.6.3 工艺实施流程

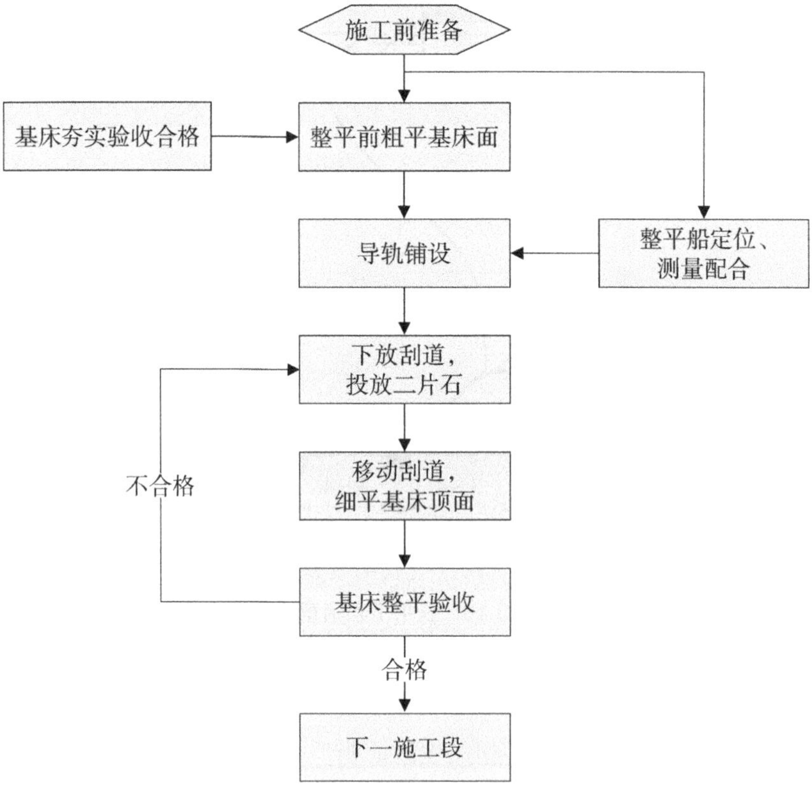


**图3.17 基床整平施工工序流程图**

### 3.6.4 施工要点

（1）基床整平放轨采用全站仪控制测杆的位置及标高的方法，基床放轨时控制点将放置在离基床位置最近且相对稳定的控制点上，测量控制点则提前放样校核，以确保精度。

（2）基床整平采用常规工艺，即整平船、潜水组工艺，在各区段整平开始前应先依据夯实竣工断面预先计算片石、碎石的用量，备足合格的料石，预防漏抛、超抛。

（3）整平船采用方驳上可堆放整平材料，使用反向铲挖掘机通过浮鼓式导管下料，备足片石、碎石供不同情况使用。

（4）基床整平采用潜水员水下铺设钢轨，钢轨上摆刮杠刮平钢轨间碎石的整平方法。测量人员在控制点上摆放全站仪，通过观察仪器指挥潜水员放置钢轨。潜水员水下放置混凝土垫块支撑钢轨，钢轨的标高由水准仪控制，两组潜水员同时下潜，两个组各自沿着钢轨两侧一起推动刮耙，不断向前整平。

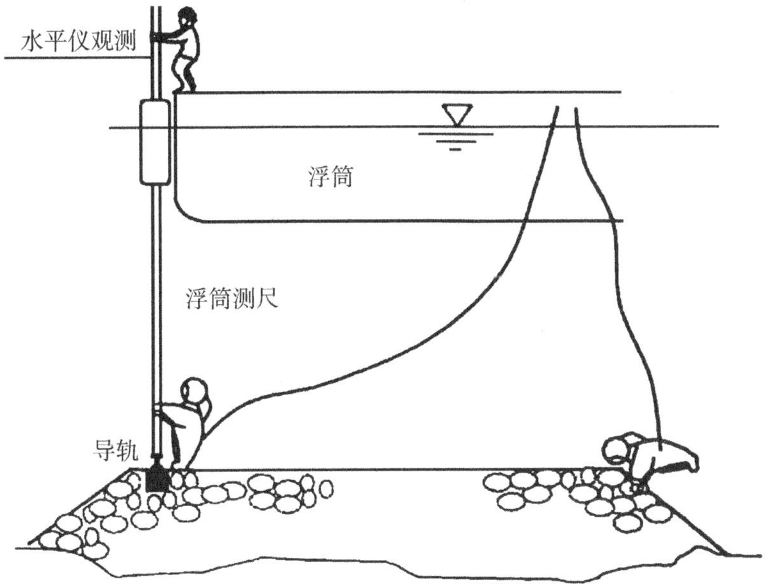


图3.18 整平导轨安装示意图

（5）粗平完成后，在进行细平前，需复核钢轨轨面标高及位置，出现偏差及时进行调整。

（6）进行细平时，对于大块石间不平整部分，用二片石填充，对于二片石间不平整部分用碎石填充，碎石允许成层，但厚度不大于50mm，碎石规格选用可报请设计给出意见。补抛的碎石卸到指定的位置，潜水员顺着钢轨方向推移刮耙刮平碎石面，当刮耙下碎石填满一段基床面，再接着进行下一段基床面的整平工作。

（7）码头墙后如有回填，一般将基床整平成有向墙内倾斜的预留倒坡，具体倒坡坡度须要遵从设计单位意见，预留坡度的取值应综合考虑地基土质、基床厚度、基底应力分部、墙身结构形式、荷载和施工方法等因素，一般不超过1.5%。当墙后回填土高且宽，墙身可能因回填土边载过大而后倾，则不预留倒坡。

（8）整平好的基床四周应设明显的标志，如抛浮标等，并派人保护以防船只抛锚破坏已整平好的基床。

（9）基床整平检验批验收后应立即组织下一步工序，即沉箱安装施工，避免整平完成的基床长期搁置产生回淤，所以整平施工的整体进度需要综合考虑沉箱安装的进度安排。

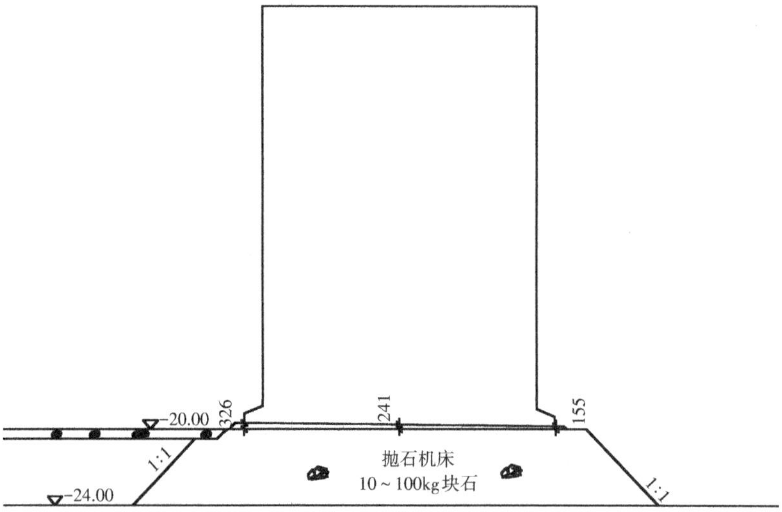


图3.19 基床整平倒坡预留示意图

（10）基床整平施工分段，应参考沉箱尺寸合理安排，每次下道长度不宜过长，并且应留出探头部位，以便于与后续整平段衔接。

### 3.6.5 资料归档

（1）分项工程施工方案及施工交底书。

（2）施工日志。

（3）模板支立检验记录。

（4）钢筋绑扎检验记录。

（5）混凝土浇筑记录。

（6）检验批及分项工程质量检验表、隐蔽工程验收记录、配合比设计报告、检测报告。

（7）混凝土浇筑施工影像资料。

# 4 墙身部分

## 4.1 沉箱预制

### 4.1.1 工艺简述

根据现有施工技术和施工现场条件，大型沉箱预制工艺如下。

沉箱预制实行分段浇筑。模板采用大片钢模板工艺；钢筋采用钢筋片吊装与人工穿绑相结合工艺；混凝土浇筑采用泵车泵送混凝土，人工振捣成型工艺；砼养护采用内外表面喷涂砼养护液工艺。

### 4.1.2 开工条件准备

（1）做好砼拌和系统、砼运输罐车、砼泵车、平臂式塔吊、绞车房等机械设备的安装、调试、试运行以及相关人员的配置及培训等项工作。做到沉箱正式施工时，设备处于良好的运行状态，人员达到熟练操作的程度。

（2）做好沉箱预制施工各分项工程的施工准备工作。即做好模板工程、钢筋工程、砼工程、溜放工程等分项工程的施工工艺设计、劳动组织安排、施工场地布置以及施工机具的安装、调试，施工材料、劳保用品的采购等各项工作，确保工程开工时，各项工作已基本就绪。

（3）做好原材料的检验、砼配合比试验等项工作。对沉箱砼所用的水泥、砂、碎石、水、外加剂、养护液等材料的产地、规格、型号、产品性能、产品质量、产品价格、使用方法等逐项进行调查、落实，并做好相关的检验、检测工作。砼配合比要依据设计图纸的技术要求及实际采用的原材料情况，提前一个月进行试配，以确定各项参数。

（4）提前做好沉箱模板的设计、制作、组装、验收等工作。

（5）技术人员要提前学习有关技术资料，熟悉图纸，参加设计技术交底会议，编制施工组织设计。

### 4.1.3 工艺实施流程

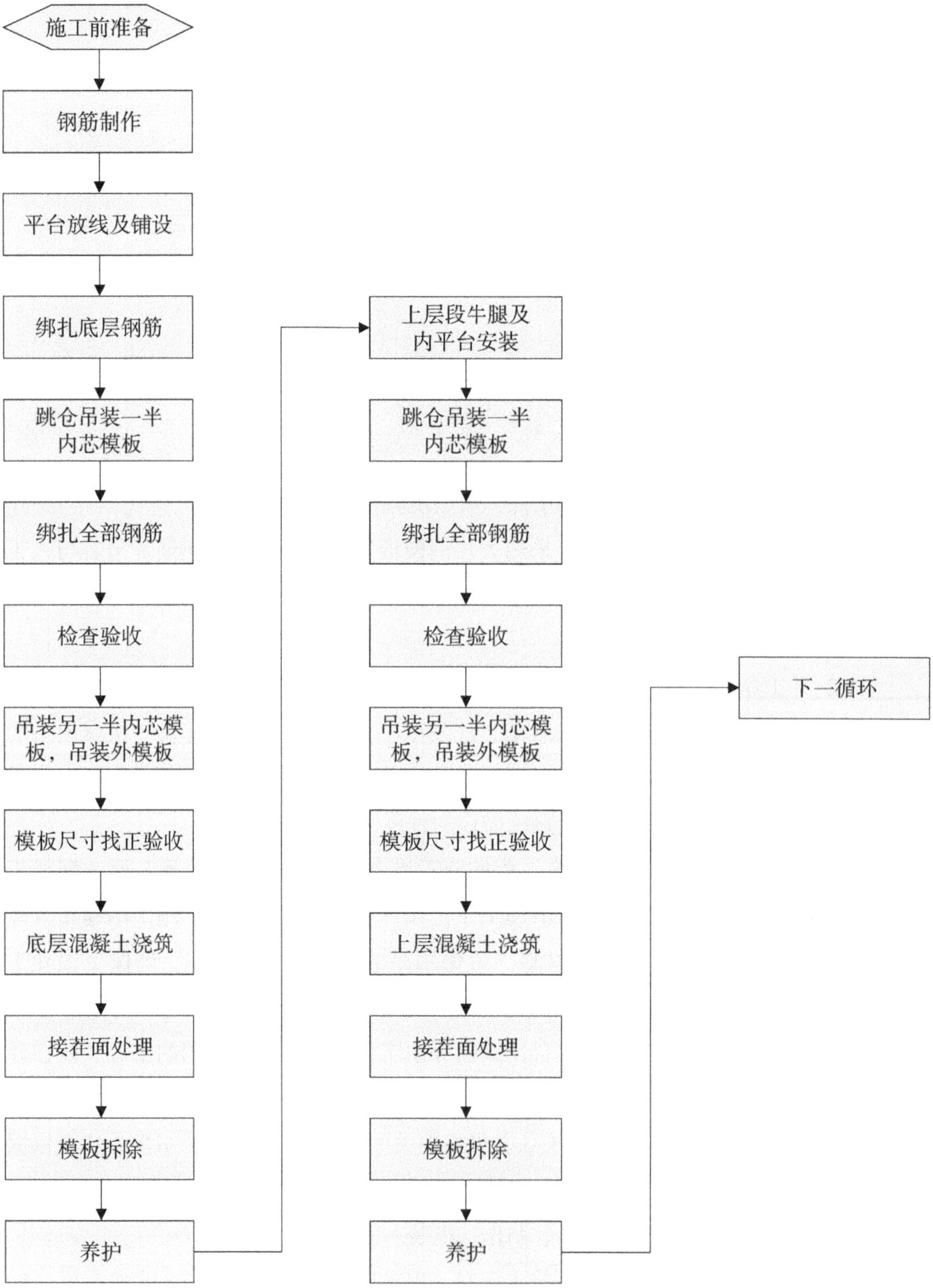


图4.1 沉箱预制工艺实施流程图

### 4.1.4 施工要点

1. 沉箱分层

根据沉箱高度及外形尺寸特征，确定沉箱分层高度。沉箱预制分段高度分为标准段和非标准段。

（1）对于水平断面没有变化的沉箱，沉箱分为底段和标准段两种：沉箱全高=底段高度+n*标准段高度。

（2）对于水平断面有变化的沉箱沉箱分为底段，标准段和异型段三种：沉箱全高=底段高度+n*标准段高度+异型段高度

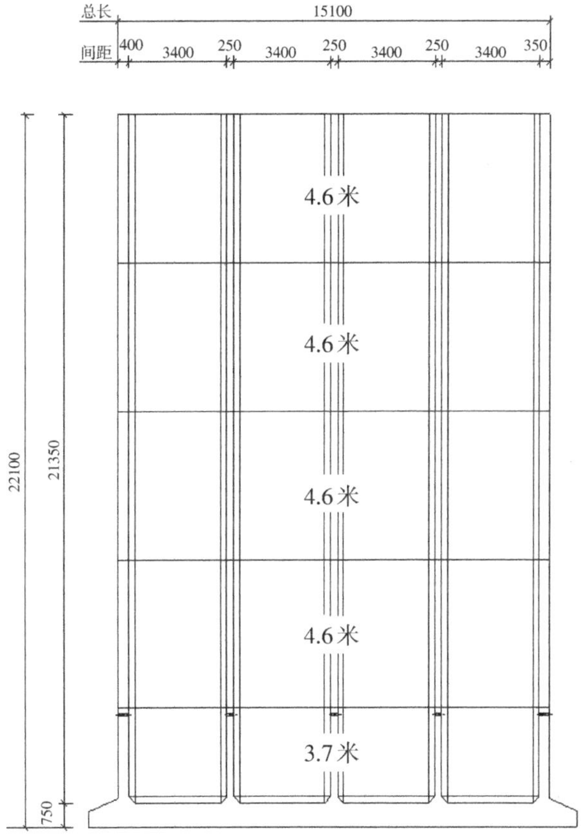


图4.2 沉箱分层示意图

2. 钢筋工程

（1）钢筋加工

检查钢筋出厂合格证及配料单，分批检验，每批重量不大于60t，按规范规定的取样方法，由专人现场取样，送试验室复检，及时向监理工程师报验，不合格的应立

即退货。

按型号、规格分别堆放，设立标识，并注意防锈、防污。

钢筋作料严格按有关规范执行，钢筋下料尺寸、弯曲角度严格按施工图施工。受力钢筋接头采用闪光对焊机对焊工艺。

（2）沉箱底板钢筋绑扎

平台纸垫层铺完后，根据平台放线位置开始绑扎底板钢筋，绑扎时按放线位置绑扎。底板两层主筋之间设置“马凳子”等骨架钢筋，保证钢筋层距。底层钢筋与平台地面之间设置垫块，保证钢筋保护层厚度。

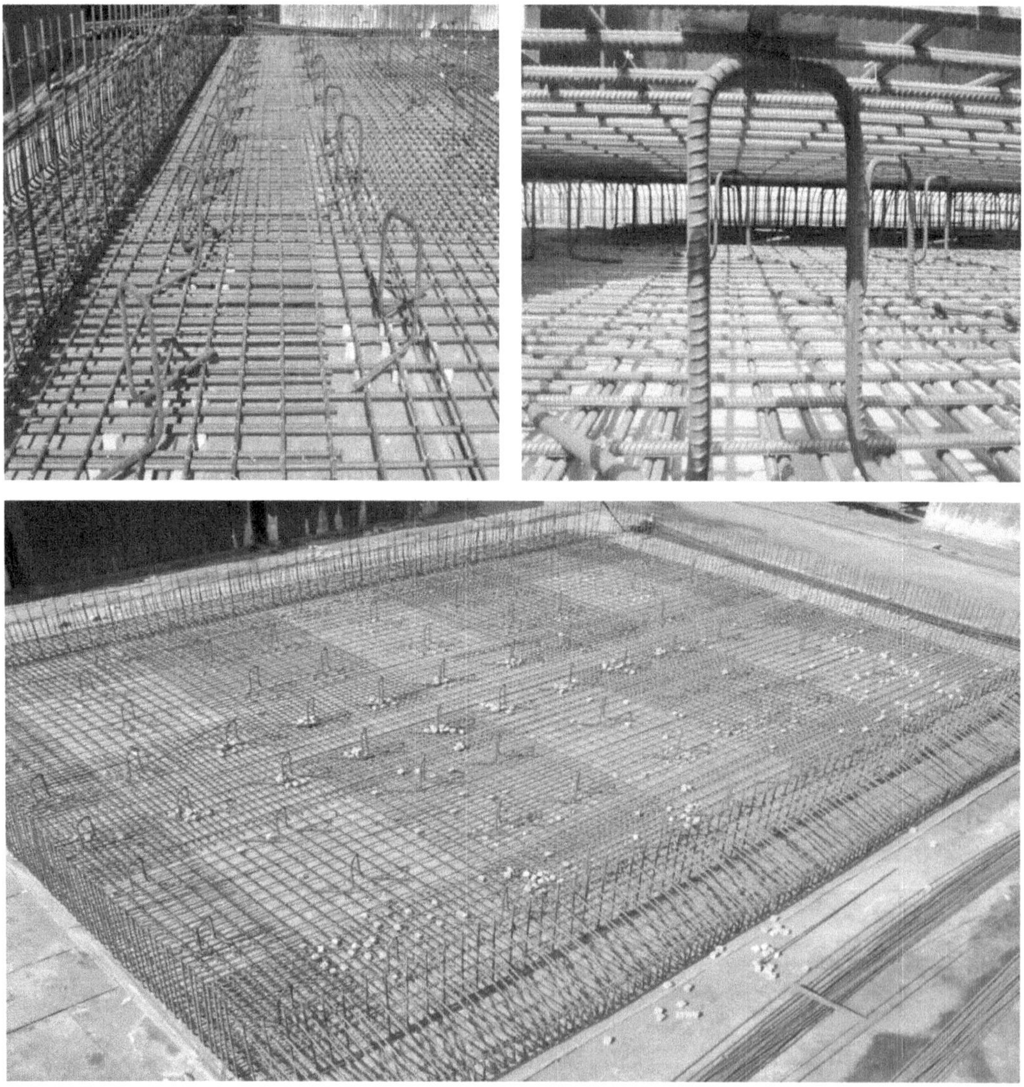

图4.3　沉箱底板钢筋绑扎示意图

（3）墙体钢筋绑扎

沉箱外墙钢筋及横隔墙钢筋在钢筋绑扎架上先绑扎成整体网片，每一面墙为两层钢筋网片，两层筋之间用焊接的定位钢筋骨架支撑，形成一个吊装单元，焊接的钢筋架也作为吊装时的吊点使用。使用塔吊配置钢筋吊装架吊装钢筋网片就位。沉箱纵隔墙钢筋和加强角钢筋在现场绑扎，先绑扎竖向钢筋，再穿入水平钢筋并绑扎成形。钢筋保护层采用砂浆垫块，确保钢筋保护层的厚度。

图4.4 绑扎架上绑扎墙体钢筋

（4）接高段钢筋绑扎

接高段钢筋绑扎前，应先安装内外工作平台。安装单号内芯模板。将4个外墙钢筋片和横隔墙钢筋片在钢筋绑扎架上绑扎成型后整体吊装，绑扎时严格控制钢筋的层距和排距尺寸。首先吊装横隔墙钢筋网片，然后再吊装外墙钢筋网片。吊车吊起穿筋托盘，穿绑纵隔墙钢筋，同时绑扎好各种转角筋和加强筋。

3. 模板工程

（1）沉箱外模板采用大片钢模板，由面板、水平钢楞、桁架和连接系统组成，矩形沉箱外模板分为四个大片，为竖向桁架受力体系。

（2）混凝土侧压力的传递为模板→水平钢楞→竖向桁架→桁架上下支点。桁架的上下支点，对于底段外模，顶端依靠对拉螺栓，底端依靠预制平台上的预埋件固定。对于接高段外模，顶端依靠对拉螺栓，底端依靠下段预埋在已浇筑的沉箱混凝土上的

图4.5　沉箱外模板结构形式

圆台螺母固定。沉箱相邻外模之间，采用抱角对拉螺栓连接固定。

（3）沉箱内模同样采用钢结构模板。每个舱格为一组内模，每一组由四片模板组成，每片模板由面板、竖向桁架、井字梁和连接构件组成。四片模板间设置穿芯板，设在模板倒角附近，以便调整内芯模板外形尺寸。

（4）底段内芯的四片模板，通过螺旋调节器与中间的“井字梁”连接为一体，内芯模板底部与底盘模板连接，坐落在“马凳子”筋上，“马凳子”筋的高度根据沉箱底板的厚度确定，并且“马凳子”筋与底板钢筋焊接固定。每个内芯“马凳子”筋数量依据内芯模板重量设置，一般每个内芯模板下“马凳子”筋为9～12个。

（5）接高段内芯模板，连接为整体后，整体吊装安放在沉箱内平台上。内平台通过预留在下段混凝土中的圆台螺母及穿墙螺栓固定，由此支撑整个内芯模板的重量。

（6）沉箱模板的安装与拆除顺序为：首先安装（拆除）内芯模板，然后安装（拆除）外模板。

内芯模板安装与拆除

①底段内芯模板安装前，首先与底盘模板连接，然后用塔吊整体将一组内芯模板吊至安装位置，就位后调整螺旋调节器，使四片模板调整至设计尺寸，然后连接顶口对拉螺栓及底口限位螺旋调节器使模板固定，最后安装穿芯板。

②模板拆除时，先拆出穿芯板，然后用螺旋调节器使模板收缩，脱离混凝土，再用塔吊整体吊除。

③接高段内芯模板安装时，用塔吊直接将一组内芯模板整体吊装至内平台上，调

整至设计尺寸后连接顶口对拉螺栓及底口限位螺旋调节器使模板固定，最后安装穿芯板。拆模顺序同底段内芯模板。

图4.6 内芯模板吊装

外模板安装与拆除

①沉箱外模采用塔吊分片吊装，先安装前后墙模板，后安装侧墙模板（先安装被包片，后安装包片）。模板吊装就位后，先连接底口的预埋螺栓使底口固定，然后连接定口的对拉螺栓。

②模板拆除时，先拆除侧墙模板，后拆除前后墙模板（先拆除包片，后拆除被包片）。

图4.7 沉箱模板整体组装俯视图

4. 混凝土工程

（1）原材料

水泥：宜采用硅酸盐水泥，强度等级不低于42.5MPa。

细集料：采用含泥量少、级配良好、细度模数在2.6~3.2mm之间的中粗砂。

粗集料：采用质地坚硬、级配良好、针片状少、空隙率小的碎石，碎石压碎指标不大于10%，一般选用5~31.5mm粒径。

外加剂：选用与水泥匹配、坍落度损失小、减水率大于15%的高效减水剂以及合格的引气剂。

参合料：一般选用粉煤灰或者矿渣粉。

（2）混凝土配合比设计

根据沉箱混凝土的设计强度等级，按《水运工程混凝土试验规程》（JTJ 270–98）中有关规定进行计算，并且进行试拌，使混凝土满足设计强度要求。

（3）混凝土拌和

混凝土拌和在预制厂的固定拌和站进行拌合，采用强制式混凝土拌和机搅拌，混凝土的组成材料及质量比配料，按照配合比通过拌和站自动计量系统称重，皮带机输送至搅拌锅。

（4）混凝土浇筑采用混凝土罐车水平运输，混凝土泵车泵送入模，插入式振捣器振捣密实的浇筑工艺。

（5）底段混凝土浇筑顺序为底板、前后趾、外墙、隔墙，沉箱前后趾的相应位置上应设置振捣孔。接高段浇筑顺序为先外墙，后隔墙。

（6）底段混凝土浇筑时，沉箱底板浇筑完成后，应视气温情况需要暂停一段时间，然后再继续浇筑墙体，以防止墙体混凝土连续浇筑时，混凝土从底板溢出。墙体混凝土浇筑应分层进行，分层高度约为50cm左右。

分层预制相邻上下层混凝土间的水平缝应按《水运工程混凝土施工规范》（JTS 202–2011）中的施工缝处理。

（7）混凝土振捣

采用高频插入式振捣器进行振捣，底板振捣按梅花状布点，墙体按顺序布点，振捣间距一般为300mm，振捣时间在15~20s，振捣时宜采取“快插慢拔”的手法，有利于气泡排出。浇筑墙体混凝土时，为了防止骨料下沉、灰浆上浮产生松顶现象，应随着浇筑高度的上升分层减水，并且顶面接近初凝时进行二次振捣，插棒深度300mm左右。二次振捣后，将混凝土顶面找平压实。

（8）圆台螺母孔洞处理

首先将待封的螺母孔用水泥净浆涂抹，然后用不低于沉箱混凝土强度等级的水泥砂浆填堵，水泥砂浆掺一定数量的膨胀剂，用铁抹子压实、抹光，保证封堵砂浆与母体混凝土接触严密。

（9）模板拆除后，采用喷涂养护液进行养护。

#### 4.1.5 资料归档

（1）分项工程施工方案及施工交底书。

（2）检验批及分项工程质量检验表、隐蔽工程验收记录、配合比设计报告、原材料检测报告等。

（3）模板支立验收记录。

（4）钢筋绑扎验收记录。

（5）混凝土浇筑记录。

（6）过程影像资料。

### 4.2 沉箱溜放

#### 4.2.1 工艺简述

本工程采用千斤顶顶升工艺，轨道小车横纵移动和斜坡式滑道下水方式。

#### 4.2.2 开工条件准备

（1）施工技术人员要提前准确核算好沉箱的浮游稳定计算。

（2）施工技术人员要提前向施工班组进行技术交底，做出各项技术保证和安全保证措施。

（3）做好起重、潜水、绞车房及船机设备的组织安排工作。

（4）提前制作沉箱封舱盖板。

（5）起重人员安装进水孔盲板及潜水铅丝；检查沉箱串水孔是否畅通（如遇串水孔未凿开，需立即组织人员凿通）；按照技术人员的溜放交底要求封堵内平台孔；刷水尺。

（6）收听气象预报，掌握天气情况。

### 4.2.3 工艺实施流程

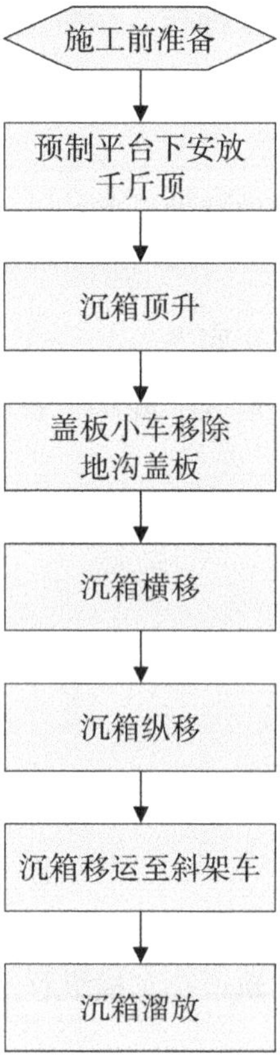


图4.8 沉箱溜放施工工艺流程

### 4.2.4 施工要点

1. 千斤顶顶升

（1）预制台座上预留沟槽，每一个台座设置若干个沟槽。千斤顶位于台座表面以下，在沟槽内布置。

（2）沉箱预制台座的平面布置由台面、千斤顶沟槽和轨道小车沟槽构成，沟槽表面铺设钢结构盖板，与台座顶面形成一个水平面。根据沉箱的重量、形状和平面尺寸，选择千斤顶的数量、吨位，和摆放位置，一般可设4~8个千斤顶。

（3）由于千斤顶顶升时，顶升力以集中荷载的形式作用于沉箱底板上，因此千斤顶与沉箱之间的相对位置必须严格控制，其平面位置应该在沉箱外墙或者隔墙附近，避免沉箱底板受到过大的弯矩或受到冲切破坏。

2. 沉箱顶升

（1）一般情况下，大型沉箱采用4~8台5000KN千斤顶，各个千斤顶并联与1~2

台高压泵站上，并保持油路长度基本相同。

（2）千斤顶顶升的高度，根据台车高度、轨道与台座之间的高差决定，使沉箱顶起后轨道车能够自由进出，并且沟槽盖板可以拆除，一般顶升5～10cm即可。

3. 沉箱水平移动

本工程沉箱水平移动采用液压顶推器移动沉箱工艺。

（1）将高压油泵安放在沉箱东、西两侧，用叉车叉走千斤顶沟上多余盖板，然后叉送千斤顶于沉箱东西侧底部大墙下安置好，千斤顶就位过程中要保证与顶头铁板对正。将千斤顶与高压油泵相连，调整好油泵压力，使千斤顶同步顶升。

（2）沉箱顶升至预定高度后，保持油压不变。将横移沟盖板移动小车沿横移轨道推送至横移沟内，顶起横移沟盖板，拖出横移沟，用叉车将小车及盖板运到合适位置临时存放。

（3）用叉车把横移车放在横移轨道上，清理横移道上的障碍物后将横移车推入横移沟。

（4）两台高压油泵同步卸压，使沉箱平稳坐落在横移车上。安装液压顶推系统。

（5）技术员放线二次起顶千斤顶位置和保险用的砼方墩位置，用叉车把平台廊道内千斤顶拖出。放上顶头铁板，但要注意不要超过纵移车的高度，防止落顶后沉箱不能坐在纵移车上。用液压顶推系统将沉箱顶推至纵移道上。横移时注意横移车拉出沉箱位置与预留千斤顶的位置要对应。同时注意液压顶推与横移车连接是否牢靠以及沉箱底部是否粘贴盖板。

（6）就位后，二次顶升沉箱，将沉箱顶起（顶升要求同前）。将横移车送回横移沟内。

（7）将纵移车送至沉箱下面，注意沉箱在纵移车上要保持平衡不能偏载且保证两个纵移车水平位置一齐。千斤顶回落，将沉箱坐落在纵移车上。安装液压顶推系统。

（8）吊放沉箱封舱盖板，挂好软梯。继续顶推沉箱至斜架车上，将纵移车前部的销孔与斜架车销孔对齐，插上铁销，将纵移车的后部与斜架车固定好。待沉箱下水。

图4.9　沉箱平移

4. 沉箱下水

本工程采用浮运法——斜坡式滑道下水。

滑道下水包括预制台座、横纵移轨道、水下滑道，以及配套使用的斜架车、动力卷扬系统等组成。沉箱坐落在斜架车上，斜架车下面有行走轮，可沿着水下滑道的钢轨行走，水下滑道具有一定的坡度，在重力的作用下斜架车载着沉箱由上向下运动，当运动到一定水深满足沉箱吃水要求时，沉箱自然漂浮，然后浮运至指定地点。

（1）不乘潮水作业

①斜架车在绞车的控制下，载着沉箱缓缓下放，下放速度控制在2m/min。溜放沉箱至距空载吃水1m左右，停止溜放。

②潜水员下水将进水孔打开，起重人员按技术要求指挥潜水员压水，压至设计水位。关上进水孔，潜水员出水。

③起重人员确认压水无误后，通知拖带船只准备就位。指挥绞车继续溜放斜架车，溜放至距沉箱计算浮游稳定吃水线以下1m时，停止溜放。起重人员再次检查沉箱的压水情况及其沉箱的外墙、隔墙有无漏水、串水情况。确认一切正常后，指挥拖轮靠近沉箱，带好缆绳。

④指挥绞车继续溜放斜架车，此时拖轮只可以随沉箱移动，不得拖拽沉箱，以免损坏斜架车系统，造成事故。溜放至沉箱起浮后，观察20分钟，同时指挥绞车继

续溜放至不能溜放为止。确定无误后，拖轮将缆绳带劲，拖带沉箱至现场或沉箱储存场。

⑤沉箱拖出后指挥绞车房绞车，机房工作人员要注意钢丝绳排列情况，斜架车快到位后要注意防止与码头相碰。

⑥沉箱溜放结束。

（2）乘潮水作业

①斜架车在绞车的控制下，载着沉箱缓缓下放，下放速度控制在2m/min。溜放沉箱至距空载吃水1m左右，停止溜放。

②潜水员下水将进水孔打开，起重人员按技术要求指挥潜水员压水，压至设计水位。关上进水孔，潜水员出水。

③起重人员确认压水无误后，指挥绞车继续溜放斜架车，溜放至斜架车所能达到的最远处，停止溜放。起重人员再次检查沉箱的压水情况及其沉箱的外墙、隔墙有无漏水、串水情况。当潮水涨至距沉箱计算浮游稳定吃水线以下1m时，指挥拖轮靠近沉箱，带好缆绳（不能带劲）。

④待潮水涨至沉箱起浮后，观察20分钟。确定无误后，拖轮将缆绳带劲，拖带沉箱至现场或沉箱储存场。

⑤沉箱拖出后指挥绞车房绞车，机房工作人员要注意钢丝绳排列情况，斜架车快到位后要注意防止与码头相碰。

图4.10 沉箱溜放下水

### 4.2.5 资料归档

分项工程施工方案及施工交底书。

## 4.3 沉箱拖运

### 4.3.1 工艺简述

沉箱海上运输，一般采用浮运拖带法，视航程、海况条件可分为两类：远程浮运（连续浮运时间内有夜间航行或运程≥30海里），近程浮运（同一港区内或者运程在30海里以内）。

图4.11　沉箱拖运

### 4.3.2 工艺实施流程

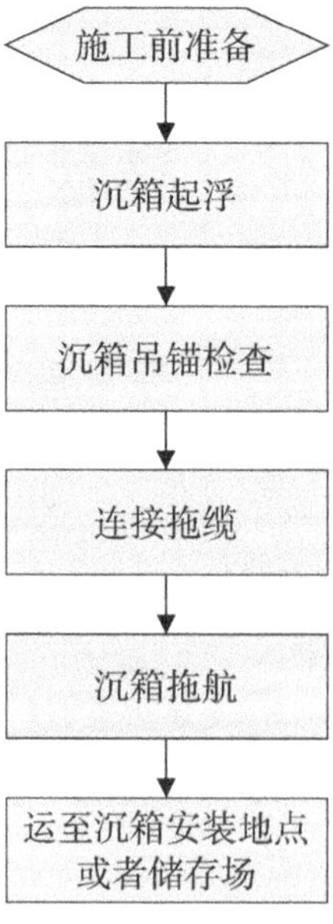


图4.12　沉箱拖运工艺实施流程

### 4.3.3 沉箱浮运、拖带前准备工作

必须进行有关的技术核算工作，如吃水、压载、浮游稳定计算。

（1）验算吃水时，应准确计入沉箱内混凝土落地灰的重量和封仓盖板及其上临时设施的重量。对于空仓即能满足浮游稳定的沉箱应计入箱内实际的残余水的重量。

（2）沉箱压载宜采用砂、石等固体压载物，以减少自由液面对浮游稳定的影响。如果用水进行压载，要按规范准确计算自由液面的影响。

（3）计算吃水、干舷及稳定性时，应分别计算空载、不同施工工艺条件及不同稳定要求时的数值，将计算结果摘要写入施工技术交底中并分发有关人员在实际操作中掌握使用。

（4）干舷高度计算应按照部颁现行规范进行。当干舷满足不了规范要求时，应考虑封仓措施。

（5）在进行浮游稳定计算时钢筋混凝土和水的重度最好根据实测资料计算，如无实测资料，按规范建议值取用。

### 4.3.4 施工要点

（1）采用浮运拖带法水上运输时，拖带前应对沉箱进行吃水、压载和浮游稳定验算。

（2）验算沉箱吃水时，应准确计入沉箱内实际的残余水和混凝土残屑的重量、施工操作平台和封舱盖板的重量。

（3）验算吃水、干舷高度和稳定性时，应分别对空载和不同拖带工艺下不同稳定要求等情况进行计算。

（4）沉箱压载宜采用砂、石和混凝土块等固体物。用水压载时，应精确计算自由水面对稳定性的影响。

（5）不对称型和需要密封舱顶后躺拖等形状特殊的沉箱，吃水、压载、稳定和拖力数据等应通过数学或物模试验。

（6）拖带力计算时应注意沉箱受水流阻力的面积、水重度取值、沉箱对水流相对速度、挡水形状系数（矩形与流线体）、箱前涌水高度等。

（7）远程拖带时，宜采用功率足够、船体长、吃水较深且具有拖缆机的拖船；近程拖带宜采用船体短、回转自由度大、功率足够的拖船。

（8）拖带航道水深满足通航要求，进出航道的富裕水深不小于0.5m，港外拖航时水深考虑可能出现的波高对航道水深的影响。

（9）在港区内，航道宽度大于拖船长度的2倍。

（10）拖运前应对气象、海况进行调查，及时掌握短期预报资料，近程拖带风速小于等于6级，波高小于等于1.0m；远程拖带风速小于等于6级，波高小于等于1.5m。

#### 4.3.5 资料归档

（1）分项工程施工方案及施工交底书。

（2）检验批及分项工程质量检验表、隐蔽工程验收记录。

（3）船舶施工日志。

## 4.4 沉箱安装

#### 4.4.1 工艺简述

顺岸式码头多由一排沉箱组成，一般由一端开始向另一端安装，安装时，由GPS实时定位。施工控制基准线距码头设计前沿线约15～20cm，如基床有向内倾斜的坡度，施工基准线应相应调整。

图4.13　沉箱安装示意图

### 4.4.2 开工条件准备

（1）船机设备具有国家承认的相关检测证明，符合施工需求，进场后已组织船机进场验收，验收中发现问题均已整改到位。

（2）施工单位已组织施工人员全员参加施工技术、环境、职业健康安全交底，对施工工艺、施工流程、危险源及防范、环境保护、个人职业健康有充分了解。

（3）做好起重、潜水及船机设备的组织安排工作。

（4）提前制作沉箱封舱盖板。

（5）收听气象预报，掌握天气情况。

（6）建立施工水位尺及水位房，实时检测潮位。

（7）合理布置登船点，满足施工人员及物资顺利安全登船。

### 4.4.3 工艺实施流程

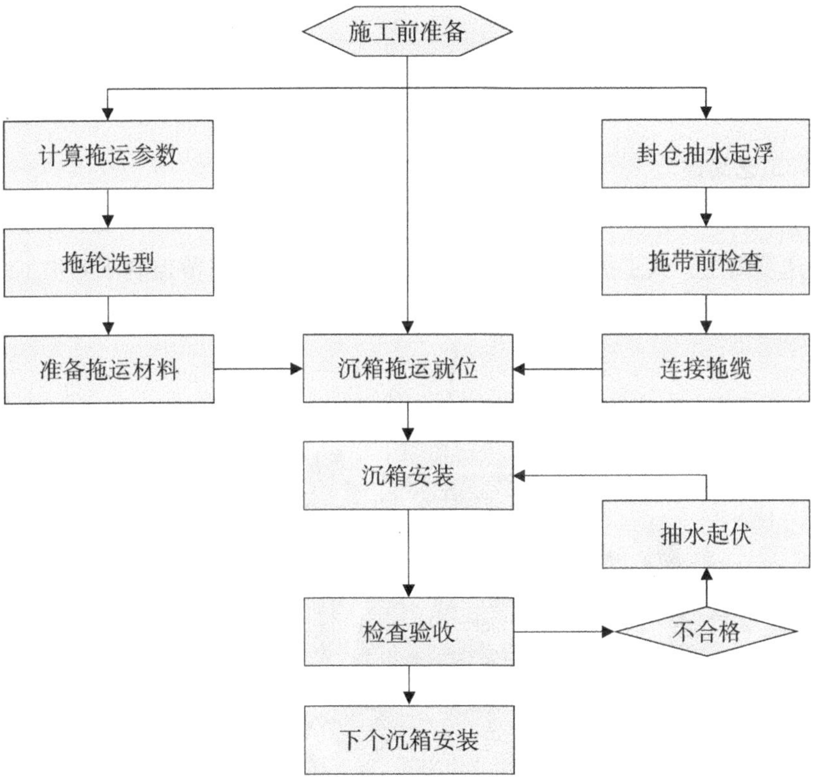


图4.14　沉箱安装工艺实施流程图

### 4.4.4 施工要点

（1）安装前，检查基床整平面有无扰动或障碍物，查询沉箱有无粘底及其清楚情况，如有粘底应采取措施清除。

（2）根据沉箱预制尺寸偏差情况，选定缝宽控制值。

（3）第一个沉箱的安装，先进行粗安，再以第一个沉箱为依托安装第二个沉箱，然后对第一个沉箱进行抽水、起浮、调整。

（4）沉箱拖运至安装现场后，趁落潮采取傍拖慢速拖进安装位置，系上缆绳，待潮落至沉箱底部距基床顶0.3～0.5m时，通过滑轮组用人力收、放缆绳。沉箱定位后，打开进水阀门灌水下沉，边下沉边收紧缆绳对位。沉箱在沉落基床后，检测偏位、缝宽、错牙等偏差，如不合格应抽水、起浮，重新进行安装。在抽水或灌水的过程中，相邻仓格水位差应小于设计允许值，以免水压力破坏隔墙。

### 4.4.5 资料归档

（1）分项工程施工方案及施工交底书。

（2）检验批及分项工程质量检验表、隐蔽工程验收记录。

（3）船舶施工日志。

## 4.5 盖板预制

### 4.5.1 工艺简述

模板采用大片钢模板工艺；钢筋采用现场预制场地绑扎成形工艺；混凝土浇筑采用泵车泵送混凝土，人工振捣成型工艺；砼养护采用土工布覆盖洒水养护工艺。

图4.15　预制盖板安装示意图

### 4.5.2 工艺实施流程

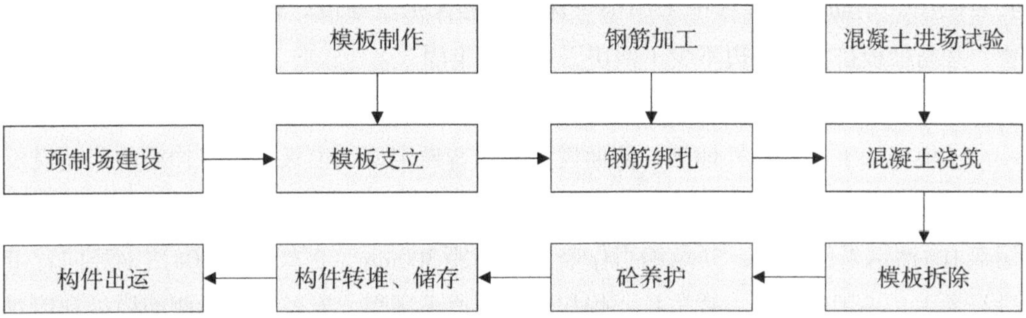


**图4.16　块体预制工艺实施流程图**

### 4.5.3 施工前准备

（1）做好块体预制施工分项工程的施工准备工作。

（2）做好模板工程、钢筋工程、砼工程等项目的施工工艺设计、劳动组织安排、施工场地布置、施工机具的安装和调试、施工材料和劳保用品的采购等各项工作。

（3）做好原材料的检验、砼配合比试验等项工作。

（4）对预制块体所用的水泥、砂、碎石、水、外加剂等材料的产地、规格、型号、产品性能、产品质量、产品价格、使用方法等逐项进行调查、落实，并做好相关的检验、检测工作。

（5）砼配合比要依据设计图纸的技术要求及实际采用的原材料情况，提前一个月进行试配，以确定各项参数。

（6）提前做好模板的设计、制作、组装、验收等工作。

### 4.5.4 施工要点

（1）钢筋工程

①钢筋实验：钢筋进场后，检查是否有出厂合格证书、标牌，合格后在监理见证下对进场钢筋进行复检试验，同一炉号直径的钢筋60t为一批，抽样检验。

②钢筋码放：钢筋运至加工场后，码放在钢筋存放架上，以防锈蚀，并在物料牌上进行标识分类，各类钢筋加工成型后分门别类堆放。

③钢筋加工：钢筋实验复检合格后方可使用。钢筋在钢筋加工场地内进行下料、加工，钢筋做料严格按照规范执行，钢筋下料尺寸、弯曲角度严格按施工图施工，如需要搭接，搭接长度按照规范要求考虑。

④钢筋绑扎：支完模板后，在模板内进行钢筋绑扎。先将常规钢筋绑扎完后再将外伸钢筋通过免拆模板网穿入进行绑扎。绑扎钢筋时间距、位置、数量严格按照设计

图纸施工，吊环按照设计图纸进行加工并严格按图纸的吊点位置预埋吊环，作吊运及安装使用。钢筋绑扎过程中采用垫块保证足够保护层厚度，钢筋保护层垫块不得偏位，并与模板挤紧，每边不少于两块，并绑扎牢固。

（2）模板工程

①模板加工：没有外伸筋的侧面模板采用普通定型钢模板，有外伸筋的侧面模板用免拆模板网，侧模之间为长包短形式。普通定型模板面板采用5mm厚钢板，钢板后用双10#槽钢当作框架，5#角钢当作竖肋，间距300mm，框架后用10#槽钢竖向背带进行加固，采用焊接的方式连接，焊接处全部要求满焊。有外伸筋的侧面模板利用双10#槽钢焊接固定支架，并间距9cm均布焊接16mm钢筋作为竖肋，将免拆模板网用绑线固定在支架上。

②模板加固：盖板顶口采用锁口架进行固定。每块侧模由4片组成，侧模板四角采用φ20转角螺栓紧固，侧模拼缝粘贴双面胶止浆，侧模与底胎之间通过粘贴在侧模的橡胶条止浆。在底胎上植入膨胀螺栓并与模板底口焊接防止胀模及上浮，保持内芯尺寸不变。

④模板支立方法：模板由4片侧模组成。首先使用吊机将侧模板吊至底胎上，按照画好的边线进行支立、拼装后安装顶口桁架。通过调整侧模间转角螺栓、顶口桁架对拉螺栓，将模板整体尺寸调整至设计尺寸并固定。最后用地锚螺栓将侧模固定，防止模板上浮。

⑤模板拆除方法：模拆除时要掌握好混凝土的强度，沉箱盖板强度达到75%时方可拆模。拆模时先拆除锁口架或者对拉螺栓，再将连接侧模和底胎的膨胀螺栓焊接切割开，最后松开侧模间螺栓紧固件，再用丝杠将模板与盖板间顶开缝隙，最后使用吊车将侧模板吊离底胎，进行下一个预制循环。

（3）混凝土浇筑

①浇筑前清除模板内垃圾、泥土及钢筋上的油污，模板上的缝隙要事先封堵。混凝土运至现场后观察砼和易性并检测坍落度、含气量，坍落度控制在14～16cm，含气量控制在5%左右，合格后方可进行浇筑。浇筑混凝土时要在施工现场取样并制作试块，进行同条件养护，通过做抗压强度实验得出预制构件混凝土强度，确定拆模及吊装时间。试块制作两组，一组做抗压试块，另一组留做平行检测。

②砼振捣由专人负责，采用插入式Φ50mm振捣器振捣。振捣时应垂直插入，快插慢拔，上下抽动，均匀振实，振捣时间为20～30s，振捣间距为250～350mm，插入点梅花形布设。不得出现蜂窝、空洞，不漏振，不过振。砼振实的掌握标准是：砼停

止下沉，不再冒出气泡，砼表面呈现平坦泛浆。振捣时振捣棒与侧模板最少保持5～10cm距离，与免拆模板网保持15cm距离，并且不得触碰钢筋、模板，振捣棒严禁接触底胎振捣，砼在浇筑中随时注意观察钢筋、模板的情况，一旦出现问题，立即校正。

（4）养护

①拆模后，要及时对砼构件浇水养护，同时用土工布加以覆盖，减少裂纹等不良现象的产生。

②夏季主要考虑采用浇水养护，针对夏天气温较高条件，混凝土浇筑完毕，应在拆完侧模板后覆盖土工布并浇水，浇水次数以能保证混凝土足够的湿润状态为宜，洒水养护14天。

### 4.5.5 资料归档

（1）分项工程施工方案及施工交底书。

（2）施工日志。

（3）模板支立检验记录。

（4）钢筋绑扎检验记录。

（5）混凝土浇筑记录。

（6）检验批及分项工程质量检验表、隐蔽工程验收记录、配合比设计报告、检测报告。

（7）混凝土浇筑施工影像资料。

## 4.6 盖板安装

### 4.6.1 工艺简述

预制盖板的安装主要采用水上海吊安装或陆上吊车安装。本工程根据现场作业条件，采用300t汽车吊进行吊装。

图4.17 盖板安装施工

### 4.6.2 开工条件准备

（1）船机、起重设备具有国家承认的相关检测证明，符合施工需求，进场后已组织船机、起重设备进场验收，验收中发现问题均已整改到位。

（2）海上条件满足吊船驻位、陆上条件满足吊车进场。

（3）编制、上报施工方案，履行完相关报审程序。

（4）施工单位已组织施工人员全员参加施工技术、环境、职业健康安全交底，对施工工艺、施工流程、危险源及防范、环境保护、个人职业健康有充分了解。

（5）校核测量控制点，检查陆上测量定位仪器与船上测量定位仪器间误差，控制在允许范围以内。

### 4.6.3 工艺实施流程

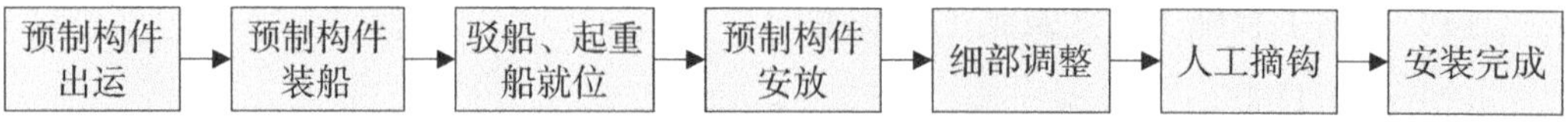


图4.18　预制盖板安装工艺实施流程图

### 4.6.4 施工要点

（1）安装前由测量人员施放构件安装边线，并做好标记，便于施工中进行控制。

（2）预制构件在安装前应对块体强度进行检测，当构件强度达到允许吊装强度时，方可进行吊安。

（3）应对安装施工范围附近做好防护、警示告知工作。

图4.19　吊装施工范围安全警戒

（4）卡环应按照规范要求使用。

图4.20 卡环与吊点连接示意图

（5）起重工检查索具，安装索具，指挥起吊，吊臂下严禁站人，将板缓慢装入方驳，装船时要平衡吊装。

（6）吊装作业现场配备持证指挥手，作业过程由指挥手统一进行指挥。

（7）起重船只、起重机械设备在吊装过程中应注意对已完工部位的成品保护。

（8）对正位置安装构件，构件设两条晃绳控制方向，起重工指挥安装构件，板顶面设轴线点，测量工用全站仪测控安装。

（9）盖板安装完毕后，立即将相邻盖板、盖板与沉箱之间连接钢筋焊接成一体，以防止风浪影响对盖板造成移位。

（10）块体安装完毕需注意对块体外伸钢筋做好防腐保护工作。

### 4.6.5 资料归档

（1）分项工程施工方案及施工交底书。

（2）施工日志、安装记录。

（3）预制构件强度检测记录。

（4）检验批及分项工程质量检验表、隐蔽工程验收记录。

（5）吊装施工影像资料。

## 4.7 沉箱倒滤空腔回填

### 4.7.1 工艺简述

沉箱倒滤空腔回填采用陆上回填，各规格回填料采用钢筋网箱或钢筋网片分隔。回填不可一次到顶，根据钢筋网箱或钢筋网片强度，分层均匀填筑。在倒料时，宜采用漏斗防止不同规格石料混合，也可以保护网箱及网片顶部不被石料冲坏。

图4.21 沉箱倒滤空腔回填

### 4.7.2 开工条件准备

（1）机械设备具有国家承认的相关检测证明，符合施工需求，进场后已组织船机、起重设备进场验收，验收中发现问题均已整改到位。

（2）陆上作业应满足设备进场条件。

（3）编制、上报施工方案，履行完相关报审程序。

（4）施工单位已组织施工人员全员参加施工技术、环境、职业健康安全交底，对施工工艺、施工流程、危险源及防范、环境保护、个人职业健康有充分了解。

（5）回填用各规格石料应按设计要求，并在现场备好。

### 4.7.3 工艺实施流程

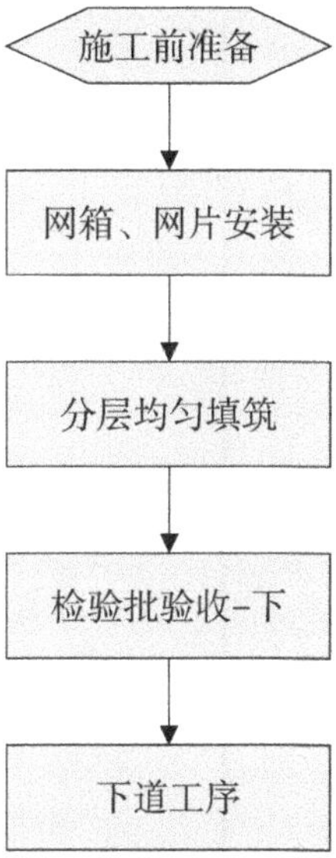


图4.22　沉箱倒滤井施工工艺实施流程图

### 4.7.4 施工要点

（1）网箱、网片运至施工现场，网箱整体成条形，上方开口，下方封底，运送至现场后，每节依次下放，各节网箱间用卡箍连接固定，最下一节网箱坠石块配重。

图4.23　钢筋网箱

（2）网箱及网片安放好后，潜水员下水对网箱及网片进行检查，检查是否有“倒、弯、断”等情况，若有则及时进行处理，无则进行下一道工序。

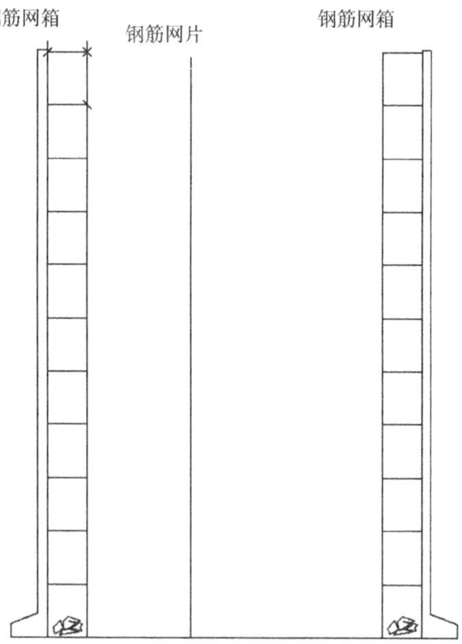


**图4.24　回填截面示意图**

（3）将石料通过料斗进行下料，下料过程中应仔细控制防止散落。

（4）可采用两台反铲挖掘机同时下料，下料时两种级配碎石紧贴钢筋网片，可有效地保证网箱或网片在填料时不被破坏或水下部分被挤压变形。填筑分层宜根据网箱网片强度自行确定。

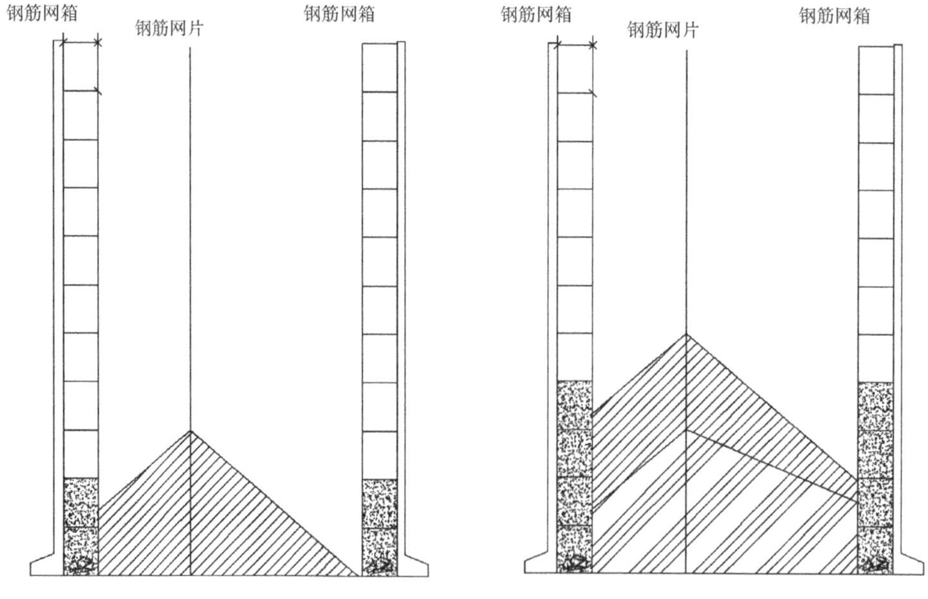


**图4.25　分层填筑示意图**

（5）填筑过程中应勤打测深水坨，控制回填料分层情况，保证回填施工质量。

### 4.7.5 资料归档

（1）分项工程施工方案及施工交底书。

（2）施工日志。

（3）检验批及分项工程质量检验表、隐蔽工程验收记录。

（4）填筑过程施工影像资料。

# 5 上部结构

## 5.1 现浇混凝土结构

### 5.1.1 工艺简述

现浇混凝土胸墙施工，宜采用钢模板进行浇筑，钢筋进场检验合格后进行钢筋加工工作，成品料需要进行成品保护，防止钢筋锈蚀。现场由全站仪进行基线放样，根据测量基线进行模板支立、钢筋绑扎工作。浇筑可采用泵车泵送浇筑、泵车运送至现场采用吊罐浇筑，浇筑过程严格按照规范进行分层及振捣，浇筑完成后进行压面、拆模、养护。

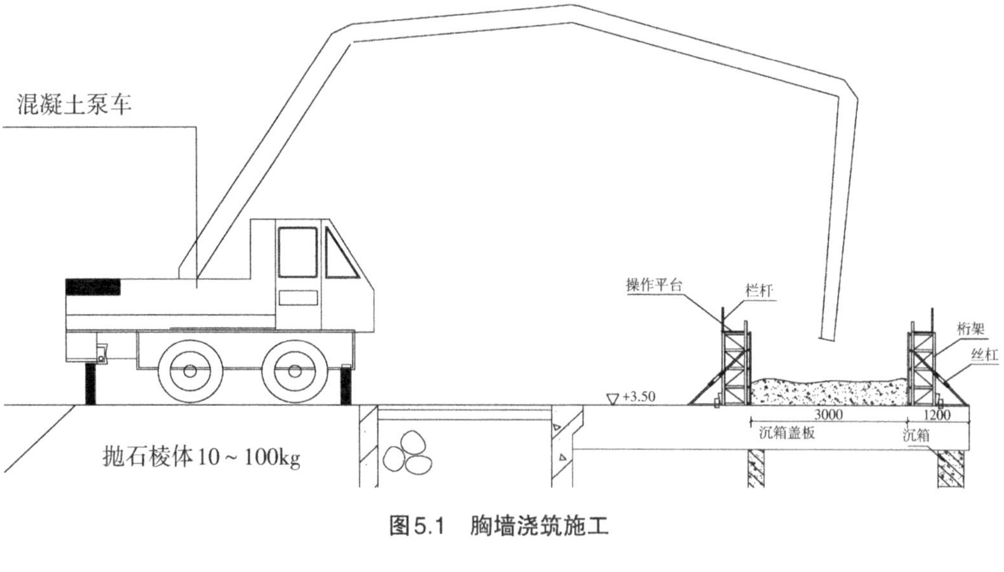


图5.1 胸墙浇筑施工

### 5.1.2 开工条件准备

(1) 施工单位已编制施工方案并报监理批准。

（2）施工单位已组织施工人员参加施工技术、环境、职业健康安全交底，了解施工现场作业及当地环境保护情况。

（3）施工用混凝土配合比报告已完成上报，钢筋及预埋件已进场。

（4）施工用机械设备已进场验收及报验，模板制作加工已完成。

（5）确立施工项目组织。

（6）确定施工进度计划。

（7）施工测量控制点复核已完成。

（8）落实施工人员，施工用通道位置已明确。

### 5.1.3 工艺实施流程

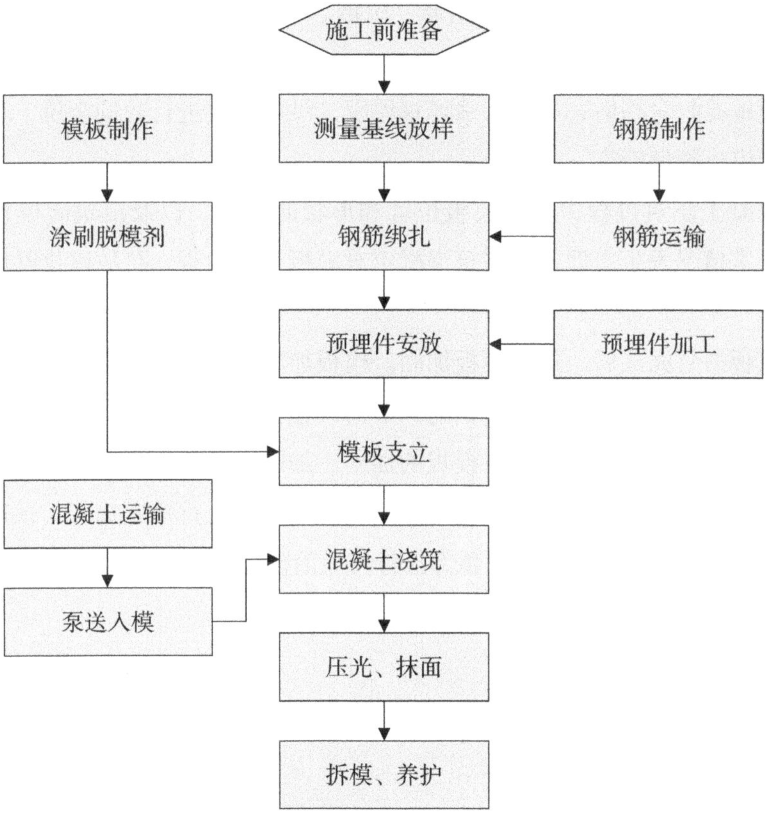


图5.2 现浇混凝土结构施工工序流程图

### 5.1.4 施工要点

1. 模板安装

（1）胸墙模板安装前用全站仪放样出胸墙后侧模板的安装线，先安装岸侧模板，接着安装两侧封头板，最后安装海侧板。模板之间用螺栓连接，并用双面胶带贴紧，防止漏浆。

（2）若模板下落后与位置线偏差较大，需起吊后重调，偏差较小时可让施工人员用撬棍撬动模板内横连杆让模板底边线与限位木板或钢筋靠紧即可。

（3）模板支立时要将各种预埋件按照设计图纸的要求安放固定好，严格控制平面位置和标高，特别是预制板底预埋铁板及护舷预埋件的平面位置和标高。模板支立过程中，所有对拉螺栓必须拧紧、上牢，确保模板整体稳定、安全、不变形。斜拉拉杆与预留钢筋必须逐一焊接（采用单面搭接焊，焊缝长度25cm，焊缝高度1cm，焊缝宽度3cm），不得有遗漏。混凝土浇筑前，要对所有螺栓及钢筋焊接点进行检查，发现不合格的要立即返工，重新加固。轨道槽、护舷、系船柱、锚定、顶升、防风拉锁、管线等预埋件必须固定牢固（可用钢筋、角钢、槽钢等进行加固处理），安装位置必须正确无误。

（4）模板验收合格后，如因特殊客观原因，没有及时进行砼的浇筑，在砼浇筑前要重新进行模板测量验收。

（5）混凝土浇筑过程中注意模板位置和形状的变化，以及浇筑时模板发出的声音，若有异常情况发生立即停止浇筑混凝土对模板进行检查，待故障排除后方可继续浇筑。

（6）模板吊装完成后，进行模板加固。模板加固时，吊钩轻微带力，防止模板倾覆。模板垂直度通过在顶口加固槽钢的调节器调整，最后测量人员再复测一遍模板的顶标高和垂直度，一切合格后进行模板的加固。加固时先加固底口，再加固顶口斜向支撑。加固方法为底口通过事先预埋的大头螺母的螺栓进行锁紧加固，顶口后沿模板通过斜向支撑加固，前沿模板通过顶部拉杆与后沿模板连接加固。

（7）模板设置作业平台，平台加固于模板上。平台面采用防滑花纹钢板进加工，栏杆高度为1.2m，设置两道横杆（间距60cm），每隔1m设置一道立杆，平台外缘设置10cm高的踢脚板。栏杆刷涂黑黄相间的油漆，栏杆内侧封挂安全密目网。

图5.3　模板安装示意图

2. 钢筋工程

（1）进场钢筋检验

钢筋进场后，检查是否有出厂合格证书，每捆钢筋均应有标牌，对进场钢筋进行复检试验，同检验数量严格遵照《水运工程质量检验标准》JTS 257-2008。

（2）进场钢筋堆放

钢筋进场堆放时，分已检和未检。按级别、种类和直径分开堆放。在钢筋下方用木方支垫或砌筑条形混凝土墩，使钢筋离地面至少20cm，然后用塑料布进行覆盖，并根据钢筋级别、种类和直径的不同设置标志牌，标明钢筋的级别、种类、直径、所用部位。

（3）钢筋加工

经检验合格的钢筋方可进行加工，钢筋加工在钢筋加工区进行。在钢筋加工制作时，先将钢筋下料表与设计图复核，检查下料表是否有错误和遗漏，每种钢筋是否达到设计要求，经过检查后，再按下料表放出实样，试制合格后按胸墙分层、分段要求长度进行下料。采用钢筋切割机和钢筋弯曲机进行钢筋的切割和弯曲，制作前应保证钢筋平直，无局部曲折，钢筋表面洁净、无损伤或油渍。漆污和铁锈等应在使用前清除干净，带有颗类状或片状锈的钢筋不得使用。加工完的半成品按绑扎顺序分类堆放并标识，在经过尺寸复核无误后方由装载机或者平板车运至现场进行绑扎。

（4）钢筋绑扎与装设

胸墙钢筋绑扎施工选择合适的潮位进行，绑扎前在主筋上放置垫块，垫块按规范布置。待模板支立完毕后，检查钢筋保护层，对保护层偏小的情况加垫垫块，确保钢筋骨架在混凝土浇筑过程中不发生位移。钢筋绑扎采用“梅花”扣，铁丝要拧紧，不得松扣或缺扣，确保钢筋骨架牢固；绑扎铁丝头应向里按倒，不得伸向钢筋保护层。浇筑混凝土前，检查钢筋位置和保护层厚度是否准确，发现问题及时进行调整。

钢筋保护层厚度按照设计文件及相关规范要求执行，下层胸墙预留出钢筋，上层层钢筋绑扎搭接应互相错开，按照规范要求搭接长度不小于30d。钢筋骨架必须绑扎牢固，保证受力钢筋在混凝土浇筑过程中不产生位置偏移。钢筋的交叉点用铅丝扎牢，箍筋弯钩的搭接点沿轴线交错布置，箍筋应保持与主筋垂直。绑扎钢筋铁丝头不得伸入砼保护层内。缺扣、松扣的数量不应超过绑扎数的10%，且不应集中。

3. 预埋件工程

（1）护舷定位板

护舷定位板或其他结构，由于胸墙混凝土分层浇筑，护舷定位板根据不同位置分次安装预埋，因而护舷定位板预埋位置容易发生相对偏差，使得护舷安装时螺栓与螺栓孔不能一一相对，导致护舷无法安装。采取预先在模板上放样开孔，将护舷定位板事先通过螺栓锁在模板上使之成为一整体，保证混凝土浇筑时不发生相对移位，待浇筑后拆模前撤出螺栓。通过以上加固和定位，拆模后对护舷定位板位置进行量测，其位置满足要求。

（2）系船柱螺栓

根据以往重力式码头施工经验并结合本项目的基床情况分析，胸墙浇筑结束后总的沉降量一般在3～5cm左右，在委托生产厂家加工锚栓时，螺牙及螺栓长度均比设计长度长5cm，安装系船柱螺栓时按照考虑预留的沉降量，以克服混凝土施工中振捣扰动导致的竖向沉降以及由于地质复杂和基床厚薄不一可能产生的不均匀沉降。面层浇筑完后视后期沉降情况，采用气割割掉高出部分，与系船柱底盘平顺即可。采用此种办法，可有效地防止螺牙预留量不够而造成的整个系船柱低设计标高的情况。

（3）锚碇等预埋件

预埋件坚持“先防腐、后安装”的施工程序。外部委托加工铁件的防腐一般在工厂内进行。现场加工的铁件，坚持“先除锈、再涂层”的工序。除锈范围为从伸入混凝土内10cm起至露出混凝土外的预埋件所有表面（采用简易喷砂除锈机进行喷砂除锈，除锈等级应达到Sa2.5级或St3.0级），除锈质量合格后先涂刷防腐涂层两遍，再涂刷防腐油漆两遍（位于大气区预埋件）或三遍（位于浪溅区和水位变动区预埋件）。

（4）预埋件的安装固定工艺及措施

①刚性较大的预埋件（如护轮坎钢护缘），采用现场直接焊接固定的方法。在施工中，严格控制测量放线误差，确保预埋件的前沿线、标高、平整度符合要求。

②构筑物侧面的预埋件按照施工前确定的加固方案，通过测量人员测放、复核，准确地在模板上开螺栓孔，然后将预埋件固定在模板上，保证预埋件与模板间平直紧固。为便于混凝土浇筑后拆模时能够先拧出螺栓，需使预埋件内侧的螺母与螺栓齐平。以避免预埋件安装过程中防腐涂层的破损，防止出现预埋件表面与混凝土表面高差较大的问题。

③由于不锈钢电缆槽板材较薄、形状特殊，为保证其位置和线条，采用固定架进行反吊固定。

④构筑物顶面的预埋件采取在混凝土中埋设竖向固定筋或冲击钻钻孔栽筋，使预埋件的固定基础牢固；测量人员给出准确安装位置后，焊接固定筋和预埋件防腐层之外的锚筋，必要时增加斜支撑筋，保证预埋件顶面标高和平面位置准确。

⑤为防止预埋件与现浇混凝土间存在空隙，对于面积较大的不锈钢电缆槽、护边角钢等预埋件，应在其顶部开设排气孔，以便混凝土浇筑时其中的空气能被挤出。同时，所留置的排气孔也可作为二次压浆的进浆或出浆孔。

⑥为防止螺栓锈蚀和被碰损，应对所有螺栓均采取涂黄油、包塑料布、铅丝捆绑或外加塑料套管等措施进行保护。

4. 混凝土浇筑

（1）混凝土浇筑前，对钢筋、模板进行检查、验收，并按照浇筑令对各项准备工作进行检查，确保准备就绪后，方可进行混凝土浇筑。

（2）混凝土浇筑时乘低潮位浇筑（赶潮水作业），保证混凝土浇筑速度大于潮位上涨速度，并保持混凝土在水位以上进行振捣。

（3）浇筑前，对模板及加固情况、钢筋和预埋件进行检查，并将模板内的杂物、积水等清理干净。

（4）混凝土分层分段浇筑时，每层厚度不宜超过20cm，混凝土振捣用插入式振捣器振捣，实行“快插慢拔”的原则，上下抽动，以利均匀，保证上、下层结合成整体。振捣器应插下层混凝土中不少于50mm，振捣顺序从近模处开始，先外后内，振捣器移动间距25～30cm，每点振捣时间15～20秒，混凝土振捣不再出现气泡，不再下沉且表面泛浆，形成水平面为宜，不得过振或漏振。

（5）底层混凝土在初凝前不被潮水淹没。在混凝土施工时，混凝土必须连续浇筑至施工缝处。

（6）下层混凝土浇筑后，对表层进行凿毛处理，以利上下层混凝土的结合。混凝土浇筑过程中，按规范规定留置试件，进行试验以确定混凝土的质量，试件的取样方法和数量均要规范要求。

（7）胸墙混凝土分层浇筑，胸墙面层可采取必要措施（如选择低温时段进行浇筑），以减少表层裂缝，满足混凝土耐久性的要求。

（8）每段胸墙间设置沉降缝。护轮坎混凝土振捣密实，严格采取措施预防漏振，边线平直美观，分段与胸墙相同，与胸墙面层同步浇筑。

（9）混凝土浇筑振捣时注意与预埋件保持一定距离，避免振捣棒磕碰预埋件导致其偏位。

5. 混凝土防裂控制

（1）控制好上下层混凝土浇筑的间隔时间，间隔时间越短越好，尽量控制7天内。

（2）分层浇筑时，严格控制浇筑面平整度；混凝土接茬面凿毛时，表面不得出现过大的凹坑，避免约束应力不均匀而产生裂缝。

（3）严格控制混凝土的温度。为避免或减轻大体积混凝土的温度裂缝，混凝土施工过程的温度控制十分重要。所采取的控制手段主要如下。

①选用低水化热水泥，掺入引气剂和减水剂，降低水灰比，适当减少水泥用量，以尽量减小混凝土水化热引起混凝土的温升。

②在混凝土中掺粉煤灰，等量取代水泥，减少水泥用量，降低水化热。

③严格控制混凝土的入模温度，夏季施工混凝土的入模温度不得大于30℃，尽量选择夜间施工。

④减小浇筑分层厚度，加快混凝土的散热速度。

⑤混凝土用料必须避免日光暴晒，以降低初始温度。

⑥混凝土内部温度不得大于60℃，必要时应采取降温措施。

⑦掺入适量的块石（块体单重在 40～60kg），以降低混凝土内部温升。在炎热天气下施工时，块石应设置遮阳装置和喷水冷却降温。

⑧加强混凝土的早期养护，合理确定拆模时间。

⑨保证混凝土的施工质量对提高混凝土的抗裂能力十分重要。坚持分层减水、二次振捣、多次压面、加强早期养护等，可以防止或减少混凝土表面沉缩裂缝和干缩裂缝的出现，胸墙混凝土浇筑完毕后，清理掉顶面浮浆，终凝后及时进行养护，保持湿润。养护时间不少于14d。

### 5.1.5 资料归档

（1）分项工程施工方案及施工交底书。

（2）施工日志。

（3）模板支立检验记录。

（4）钢筋绑扎检验记录。

（5）混凝土浇筑记录。

（6）检验批及分项工程质量检验表、隐蔽工程验收记录、配合比设计报告、检测报告。

（7）混凝土浇筑施工影像资料。

# 6 后方回填与面层

后方回填与面层施工主要包括抛石棱体及倒滤层、土石方回填、垫层、基层及面层施工。

## 6.1 抛石棱体及倒滤层

### 6.1.1 工艺简述

1. 抛石棱体

采用自卸汽车运输块石至现场，在现场设立导标，确定棱体回填坡肩，按照确定的位置及回填标高进行抛填，由沉箱根部向外侧抛填，防止沉箱后有较多淤泥，及时将淤泥挤出，同时长臂反铲挖掘机对边坡进行整理，直接形成完整断面。在抛填过程中要经常校核导标和轴线位置及标高，防止出现偏差。棱体抛填施工顺序与沉箱安装顺序一致，采取水上抛填和陆上抛填相结合的方式。

（1）棱体水上抛填

抛填工艺与基床抛石工艺基本相同，采用方驳加反铲的工艺进行水上抛填。

（2）棱体陆上抛填

测量工施放抛填开山石外边坡肩线的施工导标，自卸汽车将石料运到施工现场后沿导标直接卸载回填，装载机配合进行找平、推填，由挖掘机补抛、理坡形成设计断面。

2. 倒滤层

水下部分用方驳加反铲抛填，优点是定点定量抛填，并且容易控制抛填精度，在抛填过程中，利用“水砣”控制抛填标高和边坡。

陆上部分用反铲对边坡进行抛理。在待抛坡面上每隔10m设立标高及坡度控制线板，反铲挖掘机参照导标及坡度控制线进行抛理，石料由陆上自卸汽车供应。

图6.1　抛石棱体回填示意图

### 6.1.2 开工条件准备

（1）沉箱内回填已施工完成，持续进行码头主体沉降位移观测，随时了解码头沉降位移情况。

（2）施工用机械设备已进场验收及报验。

（3）落实施工人员，施工用通道位置已明确。

### 6.1.3 工艺实施流程

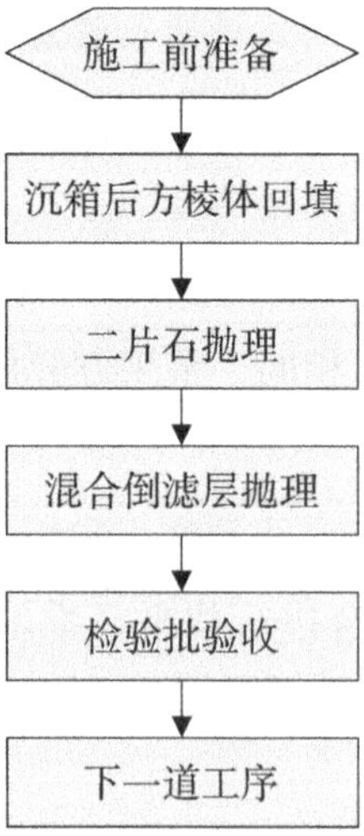


图6.2　沉箱后方回填工艺实施流程

### 6.1.4 施工要点

（1）石料质量符合设计要求。

（2）棱体抛填可采用陆抛和水抛相结合的方式，抛填施工顺序与沉箱安装顺序一致，高水位抛填时应距沉箱一定安全距离，以防块石损伤。

（3）棱体抛完应理坡，符合要求后请现场工程师进行分段验收。

（4）棱体抛填时应加强对沉箱沉降位移的观测，如有异常应立即报告。

（5）倒滤层施工应分段施工、分段验收，实抛断面尺寸不得小于设计尺寸。

#### 6.1.5 资料归档

（1）原材料（块石）检验报告。

（2）隐蔽验收记录。

（3）质量评定等。

## 6.2 土石方回填

#### 6.2.1 工艺简述

采用自卸卡车进行回填，根据总体进度安排，组织自卸卡车、装载机及推土机进行推平回填。采用GPS进行回填范围测量定位，设置施工轴线导标。现场施工设置专人进行指挥回填，保证回填质量。

#### 6.2.2 开工条件准备

（1）棱体及倒滤层已施工完成，持续进行码头主体沉降位移观测，随时了解码头沉降位移情况。

（2）施工用机械设备已进场验收及报验。

（3）落实施工人员，施工用通道位置已明确。

#### 6.2.3 工艺实施流程

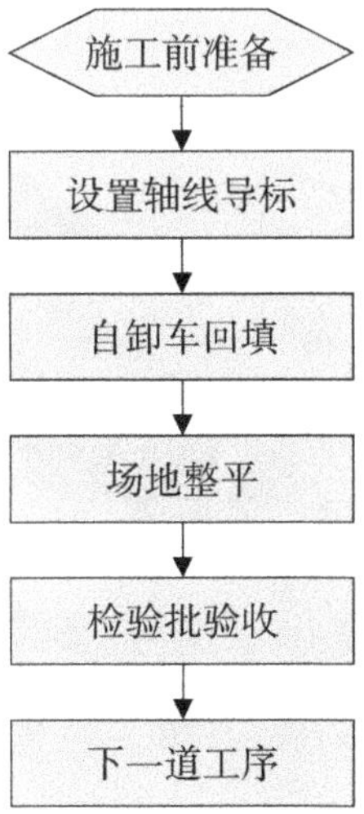


图6.3 土石方回填工艺实施流程

#### 6.2.4 施工要点

（1）严把石料进场关，采用的开山石应有适当的级配，含泥量符合设计要求，不成片状，无严重风化，遇水不崩解。

（2）抛填分段长度要严格控制在50m以内。抛填完成后迅速进行下道工序施工，确保抛填效果和施工安全。

（3）抛填过程中及时进行测量验收检查，发现超高部位，立即清除，不足低凹处及时补抛。

（4）现场监测控制制度化，利用GPS、测深仪、全站仪、经纬仪和水准仪等常规测量控制手段，对抛石工程做全面、精确的监控。

（5）施工过程中注意淤泥状况的观察，一旦有淤泥包挤出，采用长臂挖掘机将泥包挖除，由自卸车装车运走，再继续施工。淤泥包清除后需进行石料补填，补填厚度应不小于2m。

#### 6.2.5 资料归档

（1）施工记录。

（2）质量评定等。

### 6.3 垫层、基层及面层

#### 6.3.1 工艺简述

垫层和基层一般采用级配碎石垫层和水泥稳定碎石基层，面层通常采用混凝土面层或连锁块铺砌面层等形式。

图6.4　垫层施工示意图

### 6.3.2 开工条件准备

（1）施工用混凝土配合比报告已完成上报。

（2）施工用机械设备已进场验收及报验，土基层验收已完成。

（3）落实施工人员，施工用通道位置已明确。

### 6.3.3 工艺实施流程

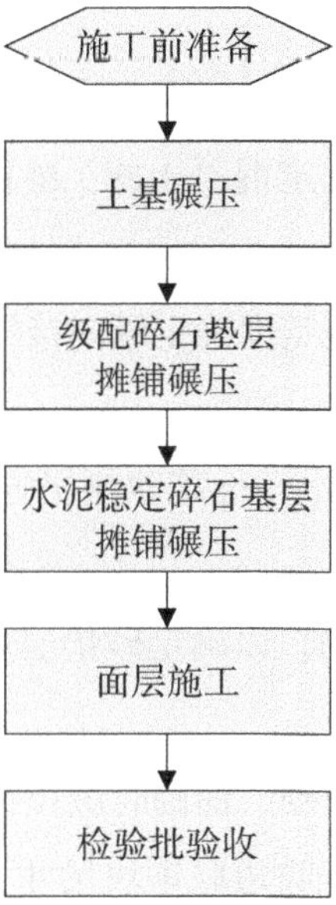


图6.5　垫层、面层工艺实施流程

### 6.3.4 施工要点

1. 级配碎石垫层

（1）级配碎石施工前对下承层压实度、标高及平整度进行检查验收，并形成记录。

（2）用平地机或其他适合的机具将料均匀地摊铺在预定宽度上，表面应力求平整。

（3）正式施工前进应事先通过试验确定集料的松铺系数并确定松铺厚度。

（4）级配碎石摊铺前须设置好控制桩（边桩及中线桩），控制桩间距以10～20m为宜，控制桩上显明标记结构层设计标高。

（5）碾压采用12t以上压路机或轮胎式压路机进行施工，碾压过程中及时洒水确保级配碎石潮湿，碾压时须重叠1/2轮宽，碾压一直进行到设计要求的密实度为止，一般需碾压6～8遍。

（6）碾压完成后，表面应无明显轮迹。

2. 水泥稳定碎石基层

（1）水泥稳定碎石基层宜采用中心站集中厂拌法施工。

（2）拌合后混合料由自卸汽车运输至现场卸料，卸料步距根据松铺厚度确定（松铺厚度=松铺系数×压实厚度，松铺系数由现场典型施工确定）。

（3）整形时严禁任何车辆通行，并保持无明显的粗细集料离析现象。

（4）临近构筑物无法碾压范围采用人工打夯方式进行基层密实处理。

（5）混合料摊铺应一次完成，如有中断且超过2h，须设置施工缝。

3. 混凝土面层

（1）模板宜采用钢模板，弯道等非标准部位以及小型工程也可采用木模板。

（2）面层混凝土施工前，先确定混凝土施工缝留置位置，宜设置在受剪力较小且易于施工的部位。

（3）根据路面宽度和施工铺筑宽度确定纵向接缝。

4. 联锁块铺砌面层

（1）根据施工区域面积进行计算所需砂垫层方量、混凝土连锁块数量及铺设形式，并提前运输进场。

（2）施工前先进行试验段铺砌，以确定砂垫层虚铺厚度、碾压方式及碾压遍数等施工参数。

（3）混凝土板块铺砌应分段铺砌，铺砌时应拉控制线。

（4）临近各类井、道路边缘等收边联锁块尺寸大于25%的应采用切割块镶嵌，并平顺连接；小于联锁块尺寸25%的应采用强度为C35的细石混凝土进行浇筑、压光，联锁块边缘勾出边缘线。

（5）检查各铺筑区的顺直度及纵横坡后，用平板振捣器或小型振动压路机在其顶面施振2～3遍。铺面施工自由边1m范围内不得振压。

（6）砌块经振平压实后，块体间接缝填缝处理，施工时，扫砂和振实交替进行2～3遍直至填缝砂全部充实。

（7）施工完成后将表面余砂及残余砌块清理干净。

### 6.3.5 资料归档

（1）原材料检验报告。

（2）隐蔽验收记录。

（3）质量评定等。

# 7 轨道梁及轨道安装

沉箱重力式码头后方轨道梁施工分为桩基础的现浇轨道梁结构两部分，其中桩基础通常采用预制打设桩或灌注桩两种形式。

## 7.1 灌注桩桩基础施工

### 7.1.1 工艺简述

混凝土灌注桩是一种直接在现场桩位上就地成孔浇筑而成的桩。主要施工工艺为在预定桩位上钻一定直径的孔，或打入钢管成孔至设计深度（钢管可在浇混凝土时边浇边拔起回收），清理钻孔后放入钢筋笼进行水下浇筑混凝土，边浇混凝土边拔起导管并捣实混凝土，待混凝土达到一定强度后，凿去桩头上强度差的混凝土，这就成了混凝土灌注桩。其中冲击钻成孔法是辽宁地区用得最多的灌注桩施工方法。

### 7.1.2 开工条件准备

1. 场地平整

施工场区平整，须满足测量定位放线与桩基施工要求。现场清理过程中，须将桩基础范围内的一切障碍物清除干净，以便于钻机造孔的顺利进行。在施工场内铺设场内道路，以满足施工时的材料运输。

2. 测量放线

专业测量人员根据建设单位提供的设计图和导线网，准确地测放基线、基点及桩位，桩位测量偏差不得大于50mm，用木桩定位。基准点妥善保护，不得在施工过程中破坏。

### 7.1.3 工艺实施流程

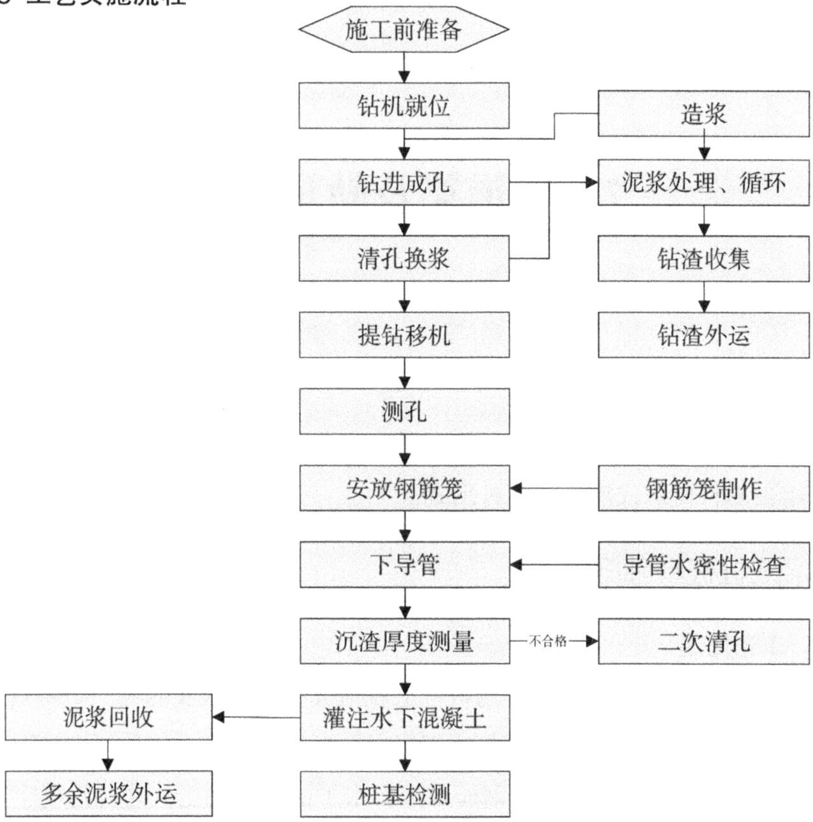


**图7.1 灌注桩施工工艺实施流程**

### 7.1.4 施工要点

1. 钢护筒埋设

灌注桩桩基施工区位于回填开山石层中，现场施工可根据不同桩径选用不同直径护筒进行护壁。埋设时用全站仪放出钢护筒（即桩基位置）的准确位置，采用人工配合振动锤振沉的方式埋设。

2. 灌注桩成孔

（1）冲击钻机就位

冲击钻机通过起重机吊装就位，就位后要保证基座水平，吊起冲击锤，使锤中心同桩中心在同一铅垂线上，并固定好钻机，在成孔过程中，防止移位，偏差不得大于25mm，经现场工程师检查并报告监理工程师批准后方可开始钻孔。

（2）冲击成孔

本工程所采用的钻机为冲击式钻机，通过卷扬系统提升冲击锤上下反复冲击，将钻孔中的土石劈裂、破碎或挤入孔壁中，用泥浆悬浮钻渣，使冲击钻能经常冲击到新的土（岩）层；另外利用正循环的方法带走钻渣排出孔外，同时起到护壁作用；带有钻渣的泥浆经过沉淀池净化后循环利用。保证成孔的质量，有利于工程顺利进行。

在冲孔过程中对锤的转向装置检查并使其转向灵活，避免梅花孔；起落钻头掌握好高度，锤落到底时，钢丝绳不能过松，避免倒锤、造成扩孔等，同时避免打空锤。

冲进一定深度后及时清渣，以保证成孔质量并加快进度，清孔后检查泥浆性能指标是否符合要求。成孔过程要及时填写《钻孔记录》，及时注意地质变化，捞取渣样，连续操作，不得中途停钻。

（3）终孔、清孔、成孔验收

当成孔至设计岩层后，要对岩性（嵌岩桩：设计所要求的持力层）、孔深、孔径（不小于设计桩径）、孔倾斜度（小于1/100）等有关内容进行验收，并办理隐蔽工程验收记录。清孔（主要采用换浆法），保证沉渣厚度符合设计要求，泥浆指标符合灌注要求。由于吊装钢筋笼、安装导管等混凝土灌注前的准备时间较长，在灌注混凝土前应进行第二次清孔。

3. 钢筋笼制作及安装

（1）钢筋检验：符合现行国家标准的有关规定。

（2）钢筋笼的制作：钢筋笼的加工在施工现场分节制作，每节长度视起重设备的起吊能力及现场情况来定。为了防止钢筋笼在吊装过程中发生变形，钢筋笼内用“+”字支撑加固。

（3）钢筋笼的安装：吊装前用探孔器进行孔内检查有无缩径和坍塌现象，确认成孔正常立即进行钢筋笼安装。

4. 灌注水下混凝土

（1）混凝土到达现场时检验其坍落度是否满足规定要求，是否有较好的和易性和流动性。

（2）安装混凝土漏斗，漏斗管口用预制混凝土球堵塞并挂住，待储料斗与漏斗存足够的混凝土（可以保证第一次下料后埋管1m以上）后，剪断球塞，快速灌注混凝土，初灌完毕后立即检查埋管情况。

（3）灌注过程中随时检查埋管情况以便及时拆卸导管。

（4）每次提升导管记录灌注混凝土方量、孔内混凝土表面高度及导管埋深，同时根据灌注混凝土的数量，计算校核导管的埋置深度与实测是否相符，防止误测超拔导管而出现断桩现象。

（5）混凝土开始灌注后，紧凑地、连续地进行，严禁中途停工，一次性浇筑完毕。

5. 桩头浮浆凿除

浇筑桩顶混凝土时超浇1m以上，待桩基混凝土强度达到设计强度的70%以上时，清除桩头松散混凝土并凿除桩头至设计标高。

### 7.1.5 资料归档

（1）钢筋、水泥、细集料、粗集料、外加剂等材料的检验报告。

（2）混凝土强度检验报告。

（3）成孔施工记录。

（4）隐蔽验收记录。

（5）清孔记录。

（6）钢筋笼制作安装施工原始记录。

（7）钢筋绑扎和安装允许偏差。

（8）灌注桩水下混凝土施工记录。

（9）凿桩检查记录及桩顶影像资料。

（10）灌注桩允许偏差。

（11）桩基无破损检测报告等。

## 7.2 预制打设桩基础施工

### 7.2.1 工艺简述

钢筋混凝土预制桩是运用比较多的一种桩型，具有制作方便、质量可靠、材料强度高、耐腐蚀性强、承载力高、相对造价低等特点。将在工厂或现场预制成型的混凝土桩用打桩设备将桩打入土中，增加地基的承载力作用，适用于基岩埋藏深或风化残积土层厚的地基条件。

### 7.2.2 开工条件准备

1. 施工技术准备

施工图设计技术交底及图纸会审，根据自审结果配合甲方组织的施工各方进行图纸会审，尽量把问题在图纸会审会议上解决，使工程顺利进行。

施工图深化，组织工程技术人员编制施工方案，并在项目部成员中进行学习和交底，制定本桩基工程的关键过程的各控制点。

2. 现场施工准备

（1）平整场地。清理地面及地下障碍物，沉桩施工前，必须对整个作业区进行场地清理，平整后的场地其大面坡度不得大于1/100，地基承载力应达到0.2～0.3MPa。

（2）高程控制点引测。根据建设单位提供的国家高程控制水准点，建立施工现场高程控制网，埋设水准点。水准点的布设根据建筑高程控制测量要求及现场情况，在四角点埋设水准点，构成闭合网。

（3）建立桩基轴线控制网。根据建设单位提供的控制点、现场情况、施工工法、建筑物形状等建立现场平面控制网，控制整个现场的平面位置，以便于将来打桩施工时的桩位放样和轴线测量及恢复。

3. 施工设备准备

按施工方案“施工机械设备计划”表提供的设备组织进场 ，并组织人员进行检查，组装和维护保养，使设备处于良好的工作状态，以保证施工正常进行。

### 7.2.3 工艺实施流程

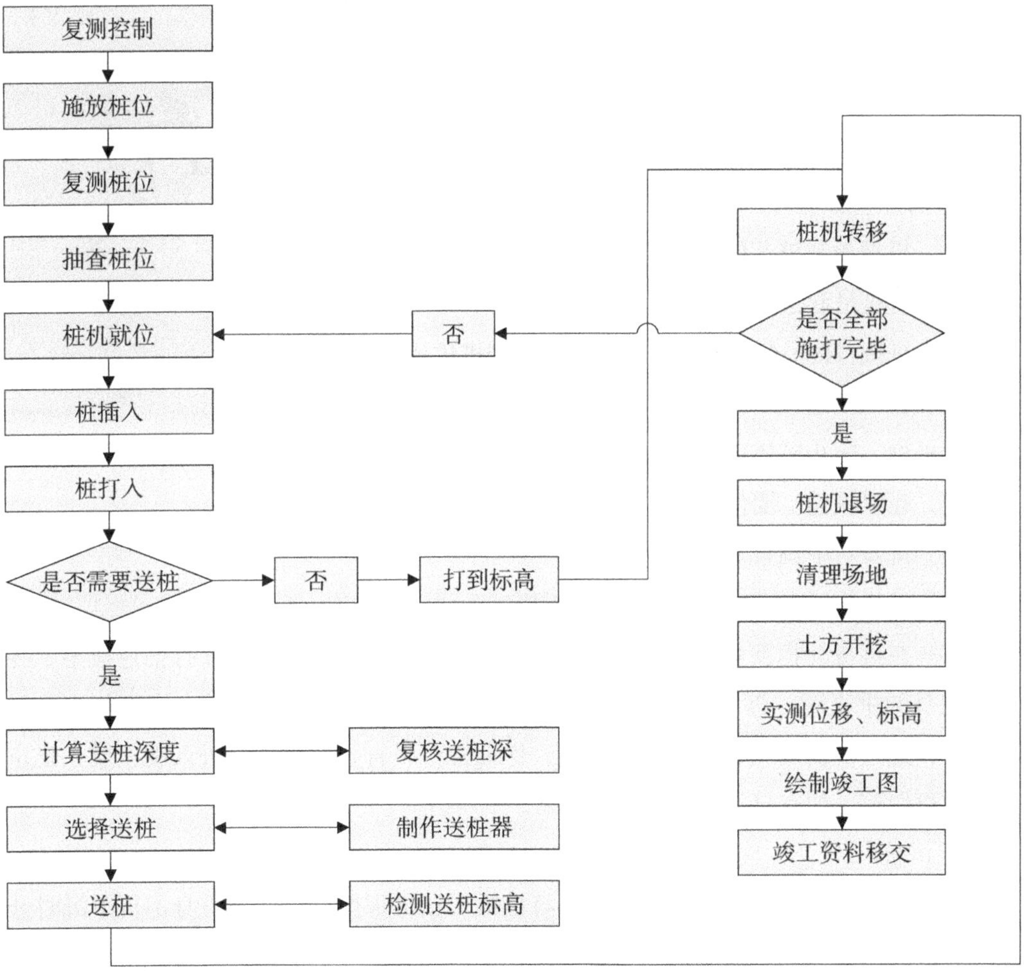


图7.2　预制桩打设工艺实施流程

### 7.2.4 施工要点

1. 预制桩场内运输及堆放

（1）现场堆放时场地应坚实、平整，并采取可靠的防滚、防滑措施。

（2）产品应按规格、类型分别堆放，堆放层数不宜超过4层。

（3）装卸时应轻起轻放，严禁抛掷、碰撞、滚落，吊运过程应保持平稳。

（4）吊点数、吊点位置应符合有关规定。

2. 试桩

根据桩基设计图纸及地质钻探资料，在开工前由各方选择有代表的工程桩或试验桩进行试桩工作，核查地质资料是否准确，打桩机及桩锤选用的合理性，并确定工程桩大面积施工时应控制的各项指标及施工标准。

3. 测量放线

测量员利用轴线控制网和控制点，准确放出桩位。此过程施工员必须跟踪复核，并形成记录，工程结束后整理归档。

图7.3 测量放线

4. 喂桩

（1）根据预制桩节的长度及存放位置，用吊车配合桩机将桩吊起送入桩帽内。

（2）桩机将桩吊起，起重工配合将桩对准桩位。

（3）在喂桩过程中，吊桩时应平稳牢固，确保安全、平稳，防止桩体磕碰损伤和伤人伤机。

（4）在喂桩前，要仔细检查，确保桩的型号准确无误。

（5）桩身对中调直。

（6）桩机将桩对准已施放的桩位并固定。

（7）在桩身的相互垂直的两个方向架设经纬仪或者悬挂吊坠，在打桩过程中始终观测桩身的垂直度，桩身的垂直度偏差不可大于0.5%。如果桩身垂直度不能满足规范要求，通过桩机来调整桩身的垂直度，保证桩身垂直，如果桩身进入硬土层，禁止用打桩机纠偏。如有异常情况及时调整。

5. 沉桩

（1）在重新确认桩位准确无误后，将桩锤压在桩顶徐徐深入，桩身不再下沉时开锤施打，为防止桩身突然一沉，起初应低档油门控制油锤供油量，连续锤击，尽量做到“重锤低击”。

图7.4 沉桩

（2）结合施工现场地质情况，在锤击时应尽量“重锤轻击”。遇到石块发生倾斜时，应采取措施将石块挖出再进行施工，同时施工时应远离桩锤，做好安全防范措施。在锤击过程中，当遇到贯入度剧变，桩身突然发生倾斜、移位，桩顶或桩身出现严重裂缝、破碎等情况时，应暂停打桩，并分析原因，采取相应措施。

（3）在打桩过程中应准确记录沉桩过程中的各种情况和变化，详细记录沉桩过程的锤击数、打桩时间和桩位编号及桩的质量情况（尤其是最后一米的沉桩锤击数）、总锤击数、最后贯入度、桩入土深度、桩尖进入持力层深度等。

6. 送桩

根据工程实际情况选取适合长度的送桩器，并在送桩器上用红油每1m做一标记，在最后1m每10cm做一标记。用水准仪观察送桩器，以作为控制桩顶标高和贯入度的标准，送完桩后的坑应立即回填。

7. 收锤

沉桩采用高程及贯入度双重控制的原则，并以贯入度控制为主。当贯入度达到要求而高程未达到要求时，应连续锤击贯入100mm或锤击30击，并与设计、监理等有关部门研究后方可停止锤击；当达到设计高程而贯入度未达到要求时，应继续施打至满足贯入度要求为止，要求最终10击的平均贯入度5mm/击。

8. 截桩

采用人工和截桩器相配合截桩，先用截桩器把多余的桩身截去，用钢箍箍紧截口下部桩身，然后沿截口处仔细剔除混凝土，钢筋可用气割法、机械切断。严禁使用大锤敲击、强行扳拉等方法截桩。截桩过程中，应保护好主筋避免损伤；截桩后调直主筋，不得弯曲。

9. 测量桩位的偏差

预应力桩顶允许偏差100mm；桩的纵轴线倾斜度偏差不宜大于1%；桩的纵轴线倾斜度偏差超过1%，但不大于2%的直桩数量不应超过10%。

### 7.2.5 资料归档

（1）预制桩出场合格证。

（2）沉桩施工原始记录。

（3）沉桩施工综合记录。

（4）沉桩施工检验批质量检验记录表。

（5）分项工程评定表等。

## 7.3 现浇轨道梁施工

### 7.3.1 工艺简述

现浇轨道梁施工采用分段绑扎钢筋，分段、分层浇筑混凝土的方法。

### 7.3.2 开工条件准备

（1）施工前应熟悉施工图文件，分析设计文件、施工区域水文气象等相关资料，并应结合施工现场环境，选择合适的模板支拆及混凝土浇筑工艺。

（2）施工前桩身完整性检测合格，测量放样应已完成，并经监理工程师检验合格。

### 7.3.3 工艺实施流程

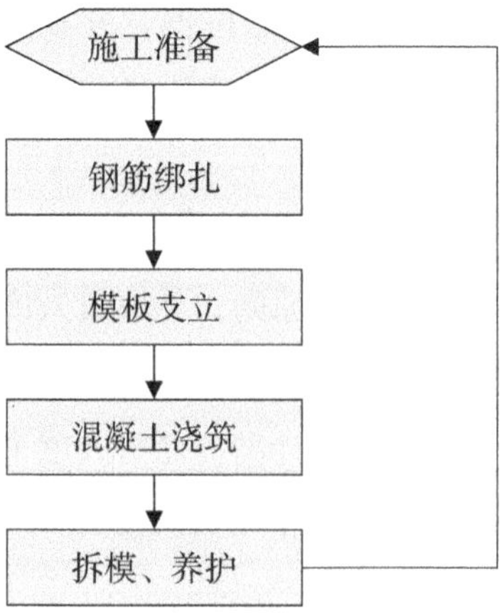


图7.5 现浇轨道梁工艺实施流程

### 7.3.4 施工要点

1. 钢筋工程

施工方法同现浇混凝土胸墙钢筋工程施工。

图7.6 钢筋绑扎工艺实施流程

2. 模板工程

轨道梁模板采用大片钢模板桁架式结构，上、下顶口均采用对拉螺杆进行固定。模板的支立、加固和拆除施工方法同胸墙模板施工方法。

图7.7 模板支立工艺实施流程

3. 混凝土工程

混凝土采用搅拌罐车水平运输至现场，混凝土泵车进行浇筑的施工方法。混凝土浇筑及养护施工方法同胸墙施工。

图7.8 混凝土浇筑工艺实施流程

### 7.3.5 工程资料归档

（1）原材料检验报告。

（2）隐蔽验收记录（全套）。

（3）混凝土强度报告。

（4）质量评定等。

## 7.4 轨道安装

### 7.4.1 工艺简述

本工程采用预埋螺栓法进行轨道安装，预埋螺栓法通过测设钢轨、锚固螺栓的位置及高程，浇筑轨道部位的混凝土，安装钢轨配件、钢轨，再调整轨道高程及轨距，最后拧紧紧固螺栓。钢轨经过一段时间的试运行后，重新紧固螺栓，并将凹槽四周涂沥青，凹槽内填砂浆。

（1）首先进行轨道槽内建筑垃圾的清理，清理垃圾的同时须对部分轨道梁预埋排水管进行清孔，保证泄水通畅。

（2）钢垫板安装：轨道槽清理完毕后，测放钢垫板标高进行钢垫板的安装；根据预埋螺栓测量准确尺寸加工钢垫板，并在钢垫板上打好预埋丝孔及调校丝孔。根据测放的标高，将钢垫板安装在预埋螺栓上，用螺帽压紧；然后焊接钢板。

（3）压板总成安装：钢垫板调节至标高后进行压板总成的安装。首先对轨道压板位置进行测量放线，将压板下半部分安装在放好线的钢垫板上，然后将压板下半部分焊接在钢垫板上。

（4）灌浆：根据厂家配合比要求，用水对灌浆材料进行搅拌，将搅拌好的灌浆料从钢垫板一侧慢慢注入。

### 7.4.2 开工条件准备

（1）钢轨及配件进场后，应检查钢轨及配件的规格、质量及出厂合格证书或检验资料，应符合设计要求和规范规定。

（2）钢轨、锚固螺栓、钢垫板、压板等均应按设计要求进行防锈处理。

（3）钢轨如需焊接连成整体，焊接位置应错开码头和轨道伸缩缝至少3米。

（4）在焊接时，电焊工应使用铜模件包围焊缝之底部和两侧，以防熔化金属外流。

（5）钢轨接口处焊缝的凸出部位需进行磨光处理，做到焊缝饱满且平滑。

（6）无缝钢轨的焊接接头应按设计要求进行探伤检查，并应满足设计要求。

### 7.4.3 工艺实施流程

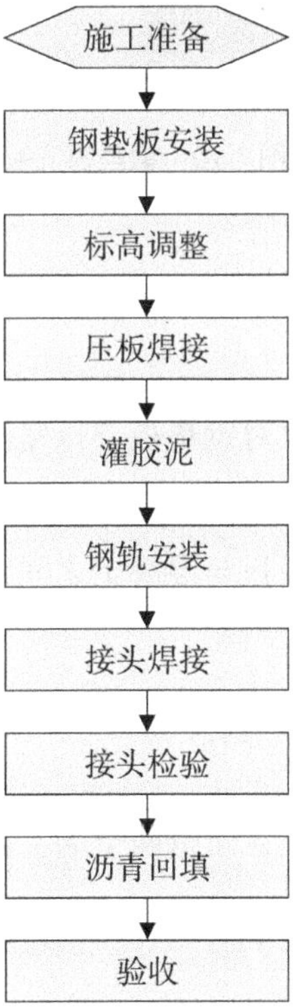


图7.9　钢轨安装工艺实施流程

### 7.4.4 施工要点

1. 钢垫板安装

（1）安装钢垫板前应清除轨道槽内的建筑垃圾，同时须对轨道梁预埋排水管进行清孔，保证泄水通畅。

（2）钢垫板安装应利用水平尺配合调校螺栓进行标高调整，对压紧螺丝及钢垫板进行再次复测，确保在规定尺寸范围内，进行钢垫板的焊接。

图7.10 钢垫板安装

2. 压板焊接、灌胶泥

（1）钢垫板调节至标高后进行压板底座焊接，焊接前应先对钢垫板进行预热处理及表面清理。

（2）压板总成焊接好后，再次对钢垫板进行复测及轨道槽清理，经监理工程师验收合格后，进行灌浆施工。灌浆应从一侧慢慢注入，在注入时轻轻振动，确保灌浆料从一侧进入，另一侧流出，使钢垫板与混凝土之间灌浆料密实，无气孔，无漏浆。灌浆后应对钢垫板进行及时清理。

（3）灌浆后48小时，应将调校螺栓松脱，调校螺栓松脱后所遗留的孔应用胶泥砂浆填补。

（4）胶垫板的凹凸面应向上，在轨道两个端头的钢垫板上焊上一块钢片，防止胶垫板在使用时滑出。

3. 轨道安装

（1）轨道接头位置在同一断面处互相错开，其距离不小于600mm。

（2）焊接时，铜模件和钢轨间应留有约2mm的空间，用以清除焊接所产生的熔渣；且铜模件使用后立即清洁，以备下次使用。

图7.11 轨道安装、接头焊接

（3）复测钢轨的顶面标高及钢轨间的相对距离符合要求即可用压板固定钢轨。

（4）轨道压紧后对轨道的平直度进行测量，使之达到设计要求，确保轨道与钢垫板之间密实，无间隙。

### 7.4.5 资料归档

（1）原材料检验报告。

（2）隐蔽验收记录（全套）。

（3）轨道探伤检验报告。

（4）质量评定等。

# 8 停靠船与防护设施

码头停靠船与防护设施主要有系船柱、护轮坎、橡胶护舷的施工，全部采用陆上安装施工。

## 8.1 系船柱的安装

### 8.1.1 工艺简述

在浇筑混凝土之前，陆上将系船柱的壳体与锚固栓连接在一起，并进行防腐处理，然后用吊车整体吊装于支座模板上，全站仪定好位置后，水准仪抄平标高，之后加固牢靠，编织布包裹，系船柱安装完毕，再进行胸墙浇筑，砼浇筑过程中，用仪器监控。砼浇筑后，立即清理系船柱螺栓孔内落灰、除锈处理，用沥青砂浆灌入饱满。

### 8.1.2 工艺实施流程

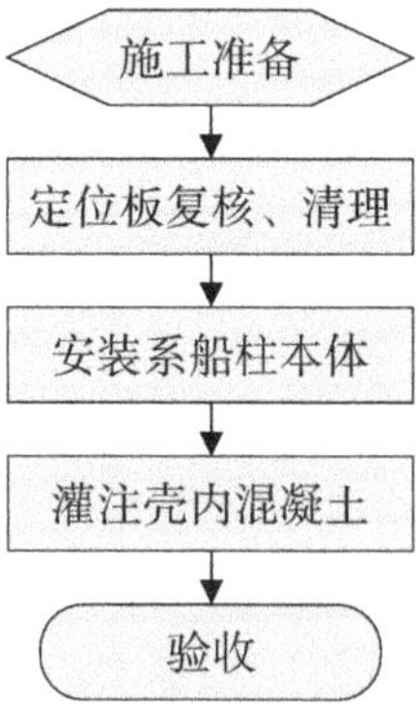


图8.1 系船柱安装工艺实施流程

### 8.1.3 施工要点

（1）检查预埋螺栓位置的准确性，如有偏位或倾斜应予调整和纠正，清除预埋螺栓上的包裹层、砂浆等残留物，涂润滑油。

（2）测量准确放出系船柱安装的设计底标高，如码头面高出设计标高，应予凿除铲平；如码头面低于设计标高，应予高标号水泥砂浆补平。

（3）绑扎钢筋笼并与预埋钢筋焊接。

（4）吊车吊系船柱壳体，使螺栓孔与预埋螺栓准确就位，满扣拧紧螺母，螺栓应外露2～3扣，但不得高出底盘，在螺栓孔内灌注沥青砂。

（5）在系船柱壳体内浇筑混凝土并使之密实。

### 8.1.4 资料归档

（1）系船柱壳体出厂合格证。

（2）各类检验报告。

（3）质量评定等。

## 8.2 护轮坎施工

### 8.2.1 工艺简述

在施工完成的胸墙顶面放线，绑扎钢筋后，人工焊接护轮坎钢板。砼拌和站搅拌砼，砼罐车运输至现场后，人工浇筑，采用插入式振捣器振捣砼，抹面压光。工程竣工前，按照设计要求涂刷油漆。

### 8.2.2 工艺实施流程

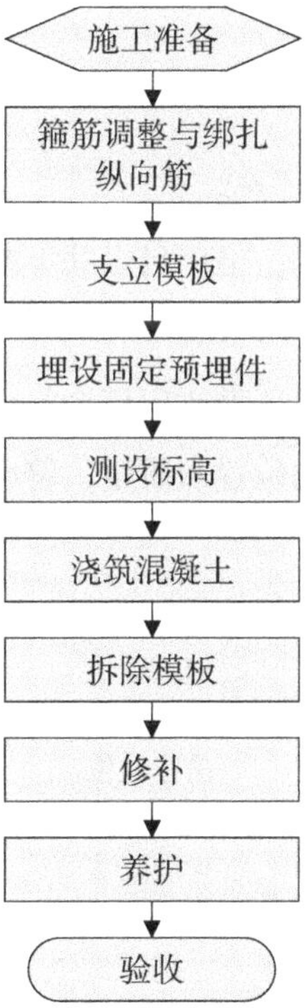


图8.2　护轮坎工艺实施流程

#### 8.2.3 开工前准备

施工前应确保护轮坎所有埋件已准备，包括电、水、系网环、插旗孔、弧形钢板、栏杆埋件等。

#### 8.2.4 施工要点

（1）清除底面上的杂物和松散混凝土、凿毛，清水冲洗干净。

（2）按设计要求绑扎钢筋，保证保护层的厚度。

（3）支立模板、安放预埋件。内外模板均采用定型整体钢模板，一次支立到位，以φ48的脚手管作为横带，以φ12螺杆对拉加固，保证模板与码头面接触严密、不漏浆，调整模板保证码头前沿线顺直。

（4）护轮坎PVC管泄水孔安置前要核对标高，安放牢固，管内以泡沫材料填充，胶带纸封固两端。

（5）浇筑混凝土，混凝土宜掺加聚丙烯纤维。

#### 8.2.5 资料归档

（1）原材料检验报告。

（2）各类检验报告。

（3）质量评定等。

### 8.3 橡胶护舷安装

#### 8.3.1 工艺简述

将护舷由汽车运送到安装现场，采用吊车陆上起吊，人工配合安装。

#### 8.3.2 开工前准备

（1）橡胶护舷和配件的质量保证书或出厂合格证齐备。

（2）检查靠船构件上预埋件的位置及质量，符合要求方可进行安装。

#### 8.2.3 工艺实施流程

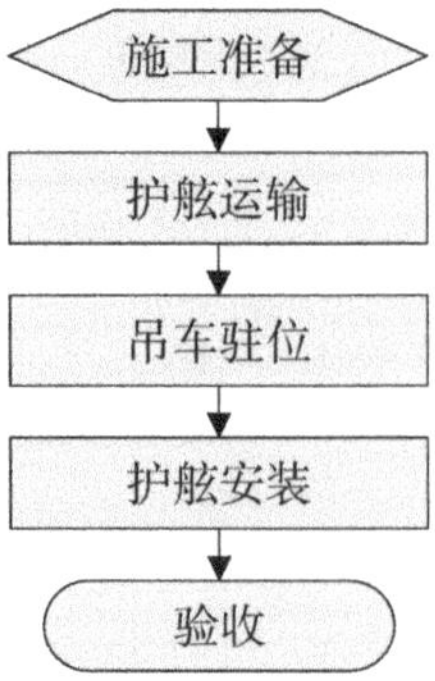


图8.3　橡胶护舷安装工艺实施流程

### 8.3.4 施工要点

（1）护舷、螺栓、链索卡具和铁件的规格、质量及防腐处理必须符合设计要求和有关规定。

（2）检查预埋螺栓或预埋套筒位置的准确性，如有偏位或倾斜应予调整和纠正，清除其上的包裹层、砂浆等残留物，涂润滑油。

（3）吊车用尼龙绳或钢丝绳（钢丝绳应以麻布等材料包裹）吊装橡胶护舷至安装位置，对准预埋螺栓或预埋套筒就位，套上压板、垫圈，及时满扣拧紧螺母。螺栓应外露2～3扣，顶端应在护舷孔内。

（4）固定式橡胶护舷底盘应与码头靠船构件接触紧密，悬挂式护舷的连接卡具应拧紧，防锈处理和油漆涂装应符合设计要求。

### 8.3.5 资料归档

（1）护舷出厂合格证。

（2）各类检验报告。

（3）质量评定等。

# 9 冬季施工

## 9.1 冬季施工的确定

按照《建筑工程冬季施工规程》JGJ 104-1997的规定，冬季施工期限划分原则是根据当地多年气象资料统计，当室外日平均气温连续5d稳定低于5℃时，即进入冬季施工；当室外日平均气温连续5d高于5℃时解除冬季施工。辽宁地区通常情况下，每年的11月15日前后进入冬季施工，至次年的3月20日前后结束冬季施工。冬季施工期限要综合考虑当地多年气象资料统计、天气预报趋势以及现场实测数据来确定。

## 9.2 冬季施工准备

1. 冬季施工方案的编制

冬季施工方案应包括以下主要内容。

（1）编制依据：有关规范标准、管理规定等，气象和冰冻冰况资料简介。

（2）冬季施工项目：重点阐述冬季施工项目、部位、主要工程量及预计施工时。

（3）冬季施工部署：冬季施工领导小组，流水段划分和施工工序，分工及负责人，劳动力及进度安排等。

（4）冬季施工各分项工程的主要施工方法和技术措施：包括不同气温下的各种加热、保温措施，搅拌站的热源供应方式，外加剂的选用和掺配工艺实施流程，热工计算，测温方法及测温点布置图，试块制作等。

（5）现场布置：包括冬季施工热源来源方式、位置，临时设施，供电安排等。

（6）主要计划：包括施工进度计划、冬季施工物资、设备、劳动力、试验、计量和测温仪器、人员培训计划。

（7）冬季施工质量、安全、消防保卫等措施：主要管理制度、工程质量的控制要点，安全生产控制要点。

（8）计算书（热工计算，临时设施和模板系统复核计算）。

（9）附图等。

2. 冬季施工前人员培训和技术交底

3. 原材料储备、检验检测和冬季施工混凝土配合比试验

## 9.3 冬季施工控制要点

（1）混凝土施工前应注意收听长期和短期气象预报，在浇筑前后几天内避开寒流。模板或保温设施拆除时，除按规定分析混凝土各种温差保证在允许范围，还应注意观察近日的气温变化，及时进行保水、保温保护，防止混凝土遭到冷击。

（2）混凝土冬季施工要对常温条件下施工的模板设计、模板构造、细部处理、混凝土凝结时间和变化规律以及强度增长曲线等进行认真复核验算，并要考虑在极端条件下有一定的安全储备。

（3）根据热工计算和施工经验，要确保混凝土出机温度，做好混凝土运输过程的保温，满足混凝土的入模温度要求。混凝土冬季施工应按结构特点和有关规定进行施工各环节的温度测量，必要时可用电子测温系统进行连续测温，并及时整理分析测温资料，掌握保温加热措施的实际效果，以此为依据调整、修正混凝土冬季施工工艺，确定模板和保温设施拆除时间。

（4）混凝土冬季施工除遵照规范规定留置试件外，应在施工现场增设两组与结构同条件养护的试件，用于确定模板或保温设施拆除和构件起吊受力等时间。

（5）钢结构和钢筋负温作业应遵守有关规定，并在正式施工前进行试焊和检验，以确定负温条件下的施工工艺。当环境温度低于－20℃时，不得进行施焊。

（6）采用煤炭、电加热等加温措施时应注意制定防止煤气中毒、触电等操作规程和设置必要的设施，并进行认真的交底和现场检查工作。

## 9.4 水上作业控制要点

（1）冬季施工前应进行冬季施工条件下临时设施的复核计算，并考虑足够的安全储备。

（2）冬季施工潜水作业应有潜水供气管路防结冰堵管等安全保证措施。

（3）冬季施工出运大型预制构件应考虑大风对潮位的影响，避免实际潮位低于潮

汐预报值以致影响出运。

（4）冬季施工船舶作业应设防滑坎或防护栏等，沉箱安装专业平台设置防滑设施。

（5）水上作业船舶要密切注意天气变化情况，关注大寒流造成的气温骤降，防止海面结冰对施工船舶的影响，及时规避冰凌或转移施工船舶，防止出现安全事故。

# 10 大体积混凝土

现场浇筑混凝土结构的几何尺寸大，且必须采取技术措施解决水泥水化热及随之引起的体积变形问题，以最大限度减少开裂，这类结构称为大体积混凝土。沉箱重力式码头工程中，上部胸墙通常为大体积混凝土，胸墙温度裂缝控制是沉箱重力式码头质量控制的技术难点。以下为大体积混凝土温度裂缝控制的要点：

## 10.1 原材料质量控制

（1）优选水泥。大体积混凝土结构选用的水泥品种应综合考虑水化热、强度、坍落度等因素。目前大体积混凝土中应用最多的是矿渣硅酸盐水泥和普通硅酸盐水泥。

（2）大体积混凝土应优选自然连续级配碎石，砂应采用优质的中、粗砂，细度模数宜在2.6 ~ 2.9mm范围内。

（3）掺加矿物掺合料。矿物掺合料包括粉煤灰、磨细矿渣粉、硅灰等，矿物掺合料的加入可明显降低胶凝材料的水化热，使用时应注意每种掺合料的用量和掺加方式。

## 10.2 优化混凝土配合比设计

（1）减少水泥用量。水泥的用量不但直接影响到水化热总量和混凝土的温升，而且也影响混凝土的收缩。减少水泥用量对裂缝控制有利，同时降低工程成本。

（2）掺矿物掺合料。为减少水泥用量及保证混凝土的和易性，应考虑掺入优质掺合料（如粉煤灰）和外加剂（如高效减水剂）。

（3）为提高混凝土的抗裂性，可掺入聚合物纤维或钢纤维。

## 10.3 优化施工工艺

（1）减小基础对混凝土的摩阻力，可以减小温度应力，避免或减轻发生温度裂缝的可能性。

（2）设置后浇带，后浇带可作为先教钢筋混凝土结构在施工期间留设的临时性的温度和收缩裂缝，根据工程进度安排保留一段时间，后用微膨胀混凝土填筑密实成整体的结构。

（3）浇筑无筋或少筋混凝土时，可在混凝土中按规范要求埋放块石。

（4）施工中应控制混凝土的浇筑温度，充分利用低温季节和时段进行施工。

（5）需采用各种技术措施控制混凝土入模温度满足规范要求，如采用遮盖原材料、水泥提前入仓、冷水拌制等方法降低原材料温度。

（6）混凝土早期升温阶段，可采用钢模板支设、布设冷水管、混凝土分层浇筑、顶面洒水等散热措施。

# 11 质量通病治理

## 11.1 沉降位移

1. 表现及典型特征

码头在施工过程中出现过大沉降、位移。

2. 主要产生原因

（1）码头基础淤泥清理不到位，抛石基础未完全接触基槽持力层，沉箱安装后立即填箱造成基础压载过大产生沉降位移。

（2）墙后棱体回填过快，短时间大量回填挤压造成码头产生位移。

（3）沉箱回填完毕立即浇筑上部结构，码头加载过快造成沉降。

3. 预防措施

（1）抛石前潜水员检查基槽淤泥厚度，基础淤泥厚度超过30cm的范围超出单个20%范围的要吸泥清淤，沉箱安放后通水观测2～3个潮水后再回填。

（2）墙后回填时由测量员随时观测墙身位移情况，避免小范围集中回填挤压墙身，要大范围整体回填，回填顺序应从墙后向陆域方向进行。

（3）上部结构施工前应在墙身沉降观测数据趋于稳定后进行，若施工过程中出现较大沉降应暂缓施工并继续观测直至稳定后再继续施工。

4. 处理措施

（1）若沉箱安放后出现较大沉降位移，属于预留沉降位移范围之内的情况，等待沉箱稳定后会同监理设计人员分析后再做决定，超出预留范围的情况要清理沉箱仓格并起浮，重新处理基础，合格后再安放沉箱。

（2）墙后回填造成较大位移的应立即停止施工，在位移控制范围内的情况须经过持续观测，情况稳定后继续施工，并增加观测频率，超出控制范围的情况须会同监理设计人员分析后再做决定。

（3）上部结构施工时码头沉降量较大应暂停施工，待沉降稳定后继续施工，已完成的码头待沉降稳定后凿除面层重新浇筑。

## 11.2 胸墙混凝土裂缝

1. 表现及典型特征

温度裂缝、收缩裂缝和沉降裂缝。

2. 主要产生原因

（1）混凝土原材料或配合比不适宜；

（2）胸墙混凝土分段不合理；

（3）新老混凝土分层浇筑间隔时间长；

（4）混凝土入模温度高；

（5）养护期间水量欠缺；

（6）养护期混凝土内外温差大；

（7）不均匀沉降产生裂缝。

3. 预防措施

（1）减小水灰比，控制水泥用量，控制骨料含泥量，根据施工情况添加适当的外加剂。

（2）适当减小混凝土分段浇筑长度，合理分缝，条件允许情况下掺适量块石，采用二次抹面工艺，减少表面收缩裂缝。

（3）合理安排浇筑计划，处理好接茬表面，采用高于施工强度等级的砂浆结合新旧混凝土。

（4）采用低水化热的水泥、新出厂水泥降温使用、冷水拌合等控温措施，混凝土入模前测温控制不超过30℃。

（5）加强养护管理，保证施工用水。

（6）针对高、低温天气对混凝土采取不同措施，高温天气保证混凝土表面与内部温差25度以内，采取埋设水管等方式；低温天气则要采取表面升温措施。

（7）墙身沉降稳定后再浇筑上部结构。

4. 处理措施

（1）分析裂缝性质，确定修补方案。

（2）0.1～0.2mm的小范围表浅裂缝采用微膨胀水泥涂抹灌封处理。

（3）超过0.2mm的贯通裂缝采取环氧树脂类灌浆处理。

（4）码头迎水面水位变动区以上区间采用早强型环氧砂浆修补。

（5）面层大范围不规则裂缝采取凿除重新浇筑处理。

（6）面层混凝土采取加钢丝网片提高抗应力能力。

## 11.3 混凝土质量缺陷

1. 表现及典型特征

混凝土表面龟裂、起砂、掉皮、露石、漏浆、污渍。

2. 主要产生原因

（1）浮浆过多，混凝土收缩量大；

（2）面层压光工艺不规范；

（3）模板拼缝处不密实，造成漏浆；

（4）模板表面清理不干净，脱模剂涂刷不到位，拆模时间不对；

（5）混凝土振捣不规范；

（6）养护不到位；

（7）混凝土成品保护不到位，有磕碰、污损情况。

3. 预防措施

（1）减小水灰比，控制水泥用量，控制骨料含泥量，根据施工情况添加适当的外加剂。

（2）适当减小混凝土分段浇筑长度，合理分缝，条件允许情况下掺适量块石，采用二次抹面工艺，减少表面收缩裂缝。

（3）合理安排浇筑计划，处理好接茬表面，采用高于施工强度等级的砂浆结合新旧混凝土。

（4）采用低水化热的水泥、新出厂水泥降温使用、冷水拌和等控温措施，混凝土入模前测温控制不超30℃。

（5）加强养护管理，保证施工用水。

（6）针对高、低温天气对混凝土采取不同措施，高温天气保证混凝土表面与内部温差25度以内，采取埋设水管等方式；低温天气则要采取表面升温措施。

（7）墙身沉降稳定后再浇筑上部结构。

4. 处理措施

（1）分析裂缝性质，确定修补方案。

（2）0.1～0.2mm的小范围表浅裂缝采用微膨胀水泥涂抹灌封处理。

（3）超过0.2mm的贯通裂缝采取环氧树脂类灌浆处理。

（4）码头迎水面水位变动区以上区间采用早强型环氧砂浆修补。

（5）面层大范围不规则裂缝采取凿除重新浇筑处理。

（6）面层混凝土采取加钢丝网片提高抗应力能力。

## 11.4 混凝土预制构件预制、安装缺陷

1. 表现及典型特征

混凝土预制构件预制、安装缺陷。

2. 主要产生原因

（1）质量意识不强，重视不够，缺少相对应控制措施；

（2）施工工艺不满足要求；

（3）测量放线不准；

（4）预制构件尺寸控制不严。

3. 预防措施

（1）提高安装工人的质量意识；

（2）配备合格的起重工，改进工艺，合理安装；

（3）加强控制，认真核对测量数据；

（4）严格控制预制构件模板尺寸。

4. 处理措施

（1）预制件尺寸不合格的，先修补再使用，无法修补的重新预制；

（2）已安装的预制件不合格的重新安装。

## 11.5 预埋件缺陷

1. 表现及典型特征

（1）构件表面出现锈斑、锈点；

（2）预埋件周围砼表面出现黄色锈斑；

（3）预埋件掉漆露底色；

（4）预埋件基础混凝土开裂；

（5）预埋件受损。

2. 主要产生原因

（1）钢筋保护层偏小；

（2）绑扎铅丝过长，铅丝未向里按倒而外露；

（3）对拉螺栓未拔除或切割处理不当；

（4）预埋铁件未及时做防锈处理；

（5）预埋铁件防腐处理不到位；

（6）支模螺杆切割深度不够，砼表面修补处理不当；

（7）施工保护不当。

3. 预防措施

（1）严格控制保护层的尺寸；

（2）要求绑扎时，扎丝头一律朝内，不得外露；

（3）切割对拉螺栓的长度大于等于保护层的厚度；

（4）要求预埋铁件在制作的同时用油漆进行防锈处理，避免生锈时污染构件；

（5）在海水里面的刷油漆、在水面以上的小型预埋件用塑料纸包黄油进行处理，大型的预埋钢筋在表面涂刷水泥浆来防腐；

（6）对支模螺杆切割深度应达到构件保护层厚度，用比构件高一标号砂浆进行封堵处理。

4. 处理措施

（1）由于外部污染造成的混凝土表面锈渍采用打磨形式处理；

（2）混凝土内部返锈需凿除混凝土，露出生锈铁件，除锈后重新浇筑，并调色差；

（3）埋件周围开裂按混凝土裂缝修补措施处理；

（4）受损埋件修复后使用，不能修复的以新换旧。

## 11.6 施工管理缺陷

1. 表现及典型特征

（1）原材料堆放混乱，未分区，无标识，场地未做硬化处理；

（2）不按规范、技术标准要求施工；

（3）分包管理薄弱，以包代管，劳务队伍素质低；

（4）由于赶工造成质量缺陷；

（5）施工材料保护不当。

2. 主要产生原因

（1）管理制度不完善及制度执行不到位；

（2）对分包单位要求不严格；

（3）管理人员及施工人员工程质量意识淡薄。

3. 预防措施

（1）通过组织学习提高管理意识；

（2）加强现场管理力度，落实到人；

（3）定期、集中培训施工安全、质量及成品保护相关制度及规范要求。

4. 处理措施

（1）材料分区分类存放，并采取垫高、覆盖等保护措施；

（2）不按规范施工的，停工整改；

（3）不服从管理的施工人员清出现场；

（4）造成施工质量缺陷的采取修复措施修复；

（5）施工材料因保护不当受损的先修复使用，无法修复的以新换旧。